BRUNO ALVES COELHO



# A IGREJA E OS JUBILEUS

EDITORA
SANTUÁRIO

**Dados Internacionais de Catalogação na Publicação (CIP)**
**de acordo com ISBD**

C672i Coelho, Bruno Alves

A Igreja e os Jubileus / Bruno Alves Coelho. - Aparecida : Editora Santuário, 2025
136 p. ; 14cm x 21cm.

ISBN: 978-65-5527-511-7

1. Religião. 2. Cristianismo. 3. Jubileu. 4. Esperança. 5. Igreja Católica. I. Título

2025-2523 CDD 240
CDU 24

**Elaborado por Vagner Rodolfo da Silva - CRB-8/9410**

**Índice para catálogo sistemático:**
1. Religião : Cristianismo 240
2. Religião : Cristianismo 24

1ª Impressão



Rua Pe. Claro Monteiro, 342 – 12570-045 – Aparecida-SP
Tel.: 12 3104-2000 – Televendas: 0800 - 0 16 00 04
www.editorasantuario.com.br
vendas@editorasantuario.com.br

# INTRODUÇÃO

Esta singela e despretensiosa obra tem o simples objetivo de colocar nas mãos do leitor interessado, seja um católico fervoroso, seja um curioso da História da Igreja, um material que informe e divulgue, com sistematicidade, o que é o Jubileu no Catolicismo e qual seu percurso histórico até os dias atuais. Portanto, não espere o leitor uma obra de acurado rigor acadêmico e permeada por discussões mais aprofundadas das diversas problemáticas dos Jubileus, em seus mais variados contextos; não espere também uma lista extensa de referências bibliográficas ou de farta análise de fontes primárias. Reafirmo, esse não é o objetivo deste livro.

De partida, faço também outro importante alerta sobre a metodologia de abordagem que faço dos Jubileus. Embora eu reconheça as limitações dela, torna-se bastante difícil empreender do Brasil nova perspectiva de abordagem de fontes e, inclusive, da inserção de novas fontes. Eis a questão. A literatura sobre os Anos Jubilares carrega a marca historiográfica da escrita dos "grandes feitos" e dos "grandes homens". Essa abordagem tem a vantagem de colocar em evidência as personagens históricas que tomaram parte mais ativa em determinado evento histórico. O grande problema disso é que acaba por gerar uma visão bastante limitada do contexto maior dos eventos do passado e a forma como outras personagens também tomaram parte neles. Para o caso da História da Igreja, por exemplo, essa metodologia gerou uma historiografia de viés institucional e basicamente desprovida de leigos. Tal realidade metodológica é sentida nas muitas "histórias dos jubileus", que têm sido escritas desde o século XIV, mas sobretudo com a nascente disciplina histórica no século XIX. Neste livro, incorro no mesmo limite. Como alertei nas linhas anteriores, isso se dá como tarefa impossível de ser feita do Brasil. Afinal, a documentação primária dos Jubileus encontra-se na Europa, sobretudo em Roma. Chamo de documentação primária desde os documentos escritos, eclesiásticos e civis, como também os documentos da cultura material, como os edifícios jubilares e os locais de onde partiram os peregrinos. Portanto, embora traga uma visão limitada do que foram os Jubileus em suas mais diversas dimensões, não me sobrou outra alternativa a não ser manter a abordagem tradicional.

Postos esses esclarecimentos, busquei trazer algumas novidades da metodologia histórica atual para a escrita deste livro, apesar de continuar reconhecendo seus limites. A obra é composta por quatro capítulos que pretendem dar um entendimento geral do que é o Jubileu, suas origens, sua consolidação na Igreja, seus símbolos e suas celebrações ao longo da História.

O primeiro capítulo trabalha a questão da peregrinação como realidade antropológica da humanidade. Nele desenvolvo o conceito de peregrinação e como ele foi adotado pelo Cristianismo, de modo a introduzir uma realidade humana em uma religião que, em sua raiz, era desprovida intencionalmente de peregrinação. Captar o lugar da peregrinação na Antiguidade Tardia e na Idade Média é fundamental para a compreensão do apelo global causado pelo Jubileu de 1300. Entretanto é impossível a compreensão da peregrinação cristã, se ela não for feita em sua vinculação com o culto aos santos e às relíquias. Portanto, nesse capítulo faço um convite ao leitor para um passeio antigo e medieval do passado da Igreja, olhando para a realidade da peregrinação e do culto aos santos e às relíquias.

O segundo capítulo trabalha de forma pormenorizada o Primeiro Jubileu. Após contemplar, no capítulo antecedente, os eventos cristãos da longa duração, que possibilitaram a celebração jubilar de 1300, inicio o assunto apresentando os eventos de curta duração que imediatamente precederam o Jubileu, assim demonstravam a mentalidade baixo-medieval que foi catalisada pela proclamação do papa Bonifácio VIII. Na sequência, apresento com alguns detalhes o Jubileu de 1300, o primeiro da História da Igreja. Encerro o capítulo convidando o leitor para um exercício de exegese bíblica medieval para demonstrar que o Jubileu de 1300 não tinha base no texto de Levítico 25, como é comum ver afirmado nos mais variados escritos atuais e do século passado sobre o Ano Jubilar. Não quero dizer, porém, que o Jubileu seja desprovido de base bíblica.

O terceiro capítulo, o mais longo, é um apanhado geral da História dos Jubileus, ao longo dos séculos. É justamente esse o capítulo que sofre com a metodologia histórica que apontei no segundo parágrafo da introdução. De qualquer forma, esse capítulo quer ser apenas um compilado de informações mais gerais de todos os Jubileus Ordinários, celebrados do ano 1300 ao ano de 2025.

O último capítulo traz uma abordagem sobre os elementos simbólico-teológicos do Jubileu. É um capítulo simples e direto. Diferentemente dos capítulos anteriores, esse tem caráter catequético e não histórico, pois, trabalho elementos muito caros à Teologia e à Fé Católicas para o presente.

Por não ser uma obra com fins acadêmicos, mas, com a finalidade da divulgação do saber, preferi não seguir o rigor formal da escrita acadêmica. Assim as citações estão integradas aos parágrafos e indicadas por aspas, sendo que as referências simples estão no pé da página. Penso que isso facilite a leitura dando maior dinâmica e fluidez; por esse motivo, também preferi transcrever os textos em línguas estrangeiras modernas ou em latim já diretamente traduzidos, salvo os casos em que a manutenção do original fosse realmente importante para a análise. Quando não indiquei as referências de algumas fontes traduzidas, significa que eu as traduzi livremente para o português. Das traduções que fiz, apenas transcrevi os originais em latim para que o leitor mais desconfiado possa fazer a conferência.

Caro leitor, espero que estas páginas sejam de alguma valia em sua vida, seja espiritual, seja intelectual. Aos católicos fervorosos, que possivelmente tenham contato com estas páginas, tenho o desejo de que o conteúdo seja de auxílio para sua vivência do Jubileu de 2025. Desejo o mesmo para possíveis leitores do futuro que estejam também vivendo as graças do Ano Jubilar.

# 1
# A PEREGRINAÇÃO E SUA ACOLHIDA NO CRISTIANISMO

Entender a forma como se deu o primeiro Jubileu e também como foi a consolidação desta prática baixo-medieval na subsequente História da Igreja, forçosamente conduz o foco desta análise para a peregrinação e o culto aos santos e às relíquias. Tanto uma prática quanto a outra, ou seja, peregrinação e culto aos santos e às relíquias, são realidades piedosas que se consolidaram com o caminhar histórico da Igreja. Em 1300, data do primeiro Ano Jubilar, peregrinação e culto aos santos e às relíquias eram já uma realidade inquestionável no Cristianismo, sendo mesmo uma expressão da identidade eclesial cristã.

Na sequência, serão abordadas, de forma breve, essas duas realidades ancestrais do Jubileu: a peregrinação e o culto aos santos e às relíquias.

## Características antropológicas da peregrinação

De acordo com os estudos de Michel Sot[1], a peregrinação é um fenômeno universal presente nas mais di-

[1] Cf. SOT, 2017, p. 394-395.

versas culturas e religiões, ao longo dos variados períodos históricos. Concretamente, a peregrinação, dentro de uma abordagem antropológico-cultural, como manifestação universal do ser humano, pode ser observada e mesmo definida a partir de quatro características.

Por se tratar de um deslocamento físico e geográfico de uma pessoa ou de um grupo de pessoas, a peregrinação carrega em si mesma a viagem, a caminhada que apresenta a questão da prova física. Tal caminhada ou deslocamento faz o peregrino experimentar a prova física do deslocamento, ou seja, viver as dificuldades do caminho rumo a seu destino pretendido.

A principal prova, porém, dá-se com a experiência de se fazer um forasteiro ao longo do caminho, isto é, um estrangeiro nos locais que percorre e aos olhos do outro, essa é a segunda característica. A realidade prática do percorrer locais desconhecidos e se fazer um estranho, para além desta realidade imediata, é também metáfora para a vida espiritual: a peregrinação insere o peregrino em uma jornada interior, isto é, é também prova espiritual.

Terceira característica é o destino final. Esse confere sentido e significado ao deslocamento físico e à chamada à jornada interior. O destino final importa porque soa quase como um fim em si mesmo: lá ocorrerá o encontro com o sobrenatural, com o sagrado, com o divino. O destino final, impregnado de sacralidade, faz um corte com a realidade quotidiana do peregrino. Justamente por isso, ao atingir o destino final da peregrinação, o peregrino irá participar de rica ritualística, que o insere no interior do sobrenatural/sagrado/divino.

Em vista desse destino final, a peregrinação apresenta sempre contornos de festa e celebração, eis exatamente sua quarta característica: peregrinação é também um tempo privilegiado, voltado para as festividades e celebrações que tonificam esse tempo de itinerância como tempo sagrado.

No que diz respeito ao Jubileu, essa é uma celebração nascida na Baixa Idade Média, portanto, apresenta as características da peregrinação medieval e passa como legado para as eras posteriores toda a sua carga antropológica. De maneira geral, a peregrinação medieval, pelo menos no Ocidente latino, enfatizava menos o local a ser alcançado (o destino final da peregrinação), do que o caminho e os percalços dele, isto é, as dificuldades do deslocamento, o esforço físico, o deixar o conforto da casa e o convívio com as pessoas queridas por um tempo determinado, tudo isso era necessário para a boa conclusão da peregrinação. Não quer dizer, porém, que o destino final fosse desimportante, pois, de fato não era: santuários como o de Santiago de Compostela ou a visita aos restos mortais dos Apóstolos Pedro e Paulo, em Roma, por exemplo, eram prestigiados destinos buscados por peregrinos de toda parte, para alcançarem o perdão dos pecados e a cura de seus corpos e espíritos.

## A peregrinação cristã na Antiguidade e na Idade Média

Não obstante o cenário descrito anteriormente, a peregrinação foi um elemento desconhecido para o Cristianismo das origens. Tal realidade está registrada no Evangelho de São João: "Mas vem a hora - e é agora - em que os verdadeiros adoradores adorarão o Pai em espírito e verdade, pois tais são os adoradores que o Pai procura" (Jo 4,23). O sentido desse versículo deve ser lido como um arremate no diálogo entre Jesus e a samaritana, sobre em qual lugar se deveria adorar a Deus. Uma das admirações da mulher com Jesus era o fato de, mesmo sendo judeu, ele se apresentar como profeta para ela, uma samaritana. Dentro desse diálogo sobre as coisas sagradas, ela questiona Jesus sobre o local de adoração: os samaritanos prestam culto a Deus no monte Garizim, enquanto os judeus afirmavam que o verdadeiro local de culto seria em Jerusalém (cf. Jo 4,20). Conforme aponta André Vauchez[2], em seu período inicial, o Cristianismo, por seu viés universalista, não enfatizou a possibilidade de locais sagrados, chegando mesmo a rejeitar a ideia de um templo como lugar santo para a exclusiva adoração de Deus. O Cristianismo nascente, ao rejeitar o templo aos moldes das religiões da Antiguidade, especificamente o Judaísmo, ressaltou não a sacralidade dos locais físicos, mas a santidade das pessoas que buscam a Deus. Portanto, nota-se que inicialmente os cristãos não eram adeptos da peregrinação.

Verdade é que do ponto de vista teológico-eclesial havia a ideia do cristão como *peregrinus* desde o segundo século. Tal constatação é possível a partir de alguns documentos dos Padres da Igreja. Cito como exemplo Policarpo (c.a. 70-c.a. 160), Bispo de Esmirna, em palavras dirigidas à Igreja de Filipos, em uma data indeterminada da primeira metade do século II. Em sua

[2] Cf. VAUCHEZ, 2013, p. 338.

Segunda Carta aos Filipenses, Policarpo assim saúda seus destinatários: "Policarpo e os presbíteros que estão com ele, à Igreja de Deus que vive como **estrangeira** em Filipos"[3]. O sentido de *estrangeira*, em latim *peregrinatur*, extrapola a simples noção antropológico-social do estrangeiro (*peregrinus*) comum na Antiguidade. O entendimento de *estrangeira* está aplicado a toda uma comunidade que, socialmente, está integrada à cultura local, no caso a Igreja de Filipos está integrada à vida urbana da cidade de Filipos, em todas as suas dimensões. Portanto, a aplicação de *estrangeira*, para a Igreja dos filipenses, está em vista de um sentido sobrenatural: Policarpo entende que os cristãos são estrangeiros/peregrinos na vida presente porque sua pátria definitiva é o Reino do Céu. Daí, embora haja de fato uma expansão do sentido de *peregrinus/peregrinatur* dentro da teologia cristã, não se trata da prática devota do peregrinar, pois, o termo está aplicado à comunidade como um todo, ou seja, é a Igreja quem é estrangeira (*Ecclesia quae peregrinatur*).

Essa realidade começou a mudar a partir do século IV. Passados já quatro séculos de História da Igreja dentro do Império Romano, as gerações dessa centúria mostraram-se mais abertas ao Cristianismo, não apenas nas camadas tidas como *subalternas* socialmente fa-

[3] POLICARPO DE ESMIRNA, 1995, p. 139 (negrito meu). Outro exemplo no mesmo sentido está também ligado à Igreja de Esmirna, embora de datação posterior, ano 400. Um autor anônimo escreve à Igreja de Filomélio, em particular, e a todas as igrejas do mundo, em geral, narrando o martírio de Policarpo. A importância dessa datação, que chega aos finais do século III, é demonstrar a solidificação do entendimento de *estrangeira* (*peregrinatur*) como identidade eclesial. "A Igreja de Deus, que vive como **estrangeira** em Esmirna, para a Igreja de Deus que vive como **estrangeira**, em Filomélio, e para todas as comunidades da santa Igreja católica, que vivem como **estrangeiras** em todos os lugares", POLICARPO DE ESMIRNA, 1995, p. 143 (negritos meus).

lando, mas, sobretudo, entre a aristocracia romana. É notável, por exemplo, que o século IV é tempo em que viveram Santo Ambrósio de Milão e Santo Agostinho de Hipona. Todavia, antes deles, o Imperador Constantino se converteu ao Cristianismo. O grupo religioso que fora perseguido sistematicamente pelo aparato imperial, naquele presente histórico recebeu a garantia da tolerância, com a publicação do Edito de Galério de 311, ratificado por Constantino, em 313, com o Edito de Milão; ou seja, ser cristão dentro do Império não era mais um crime[4]. Embora não seja uma caminhada linear e sem a ausência de conflitos, ao fim do IV século, com Teodósio I na função de Imperador, o Cristianismo passou a ser a religião oficial de todo o Império Romano[5]. É nesse contexto de otimismo e vitória vivenciados pelos cristãos que a peregrinação passa a integrar uma das práticas piedosas da devoção eclesial.

Para tal, a atuação de Santa Helena, mãe do Imperador Constantino, foi determinante. A piedosa mãe do Imperador carrega a alcunha de ser a primeira peregrina registrada na História. O fato é que, movida por sua fé e também amparada por sua condição econômica e social, Santa Helena quis empreender uma viagem até Jerusalém, a fim de visitar os locais históricos da passagem do Cristo na terra. A partir de sua visita a Jerusalém, na qual, segundo a tradição, ela teria encontrado os restos materiais da Cruz de Cristo, Santo Ambrósio de Milão e Paulino de Nola, no século IV, foram os primeiros a afirmarem e propagarem que Santa Helena

---

[4] Cf. COELHO, 2019, p. 31-32.
[5] Cf. COELHO, 2019, p. 33.

havia de fato encontrado a verdadeira Cruz[6]. O Imperador mandou construir a basílica do Santo Sepulcro, assim também como foi empreendido largo trabalho de localização dos "lugares sagrados" e, consequentemente, a construção de outras basílicas. Portanto, devido Santa Helena e sua influência, nasceram aquilo que se pode afirmar como "geografia" dos Lugares Santos[7] e também o peregrino cristão[8].

Para o contexto nascente da peregrinação cristã no século IV, há cinco importantes e ricos registros dessa prática, já bastante consolidada para o período. Todas as referidas fontes narram peregrinações aos Lugares Santos de Jerusalém. Em ordem cronológica, ei-las: **I)** o *Itinerarium Burdigalense*, um itinerário de autor anônimo, datado do ano 333, destinado aos peregrinos gauleses; esse manuscrito é comumente chamado de *Itinerário de Bordeaux*. **II)** Uma carta de Atanásio, Bispo de Alexandria, escrita em siríaco e datada do ano 350; a carta fundamenta, por primeira vez, a peregrinação com textos bíblicos, além de fornecer importantes informações práticas sobre o peregrinar a Jerusalém. **III)** O *Sanctae Siluiae Aquitanae peregrinatio ad loca sancta* ou *Peregrinatio Aetheriae* ou *Itinerarium Egeriae*, trata-se de um importantíssimo registro de uma religiosa proveniente da Península Ibérica, datado de 384; na verda-

---

[6] Cf. DURÁN, 2024, p. 189.

[7] A expressão Lugares Santos foi utilizada pela primeira vez por Eusébio de Cesareia, no século IV, em sua obra *Vida de Constantino* (3, 52).

[8] Aqui vale um esclarecimento sobre os limites da pesquisa histórica sobre o tema do peregrino na Antiguidade. O termo *peregrinus* (peregrino) até o século IV estava etimologicamente ligado à condição de expatriado, exilado ou estrangeiro. Quem apresentasse a condição de *peregrinus* estava em oposição ao cidadão, isto é, alguém desprovido dos direitos civis ou meramente alguém que fosse desconhecido, que viesse de fora, não fazendo parte daquela comunidade humana. Justamente por esta circunscrição semântica do termo, torna-se, pelas fontes descobertas até então, impossível afirmar a existência da peregrinação cristã, antes do século IV.

de a obra é um detalhado relato da peregrinação de Erégia aos Lugares Santos de Jerusalém, ou seja, é um diário de viagem. **IV)** No ano de 381, São Gregório de Nissa foi enviado à Província da Arábia para resolver alguns problemas de ordem eclesial naquela região. Ao regressar, Gregório aproveitou para visitar os Lugares Santos de Jerusalém. Diferentemente das outras fontes, Gregório de Nissa não via vantagens na peregrinação e chegou até a elencar os problemas e as dificuldades dessas viagens. Em sintonia com a não existência de "lugares sagrados", do início do Cristianismo, em sua "Carta sobre aqueles que vão a Jerusalém", Gregório afirma que o deslocamento não garante nenhuma aproximação com Deus, afinal o que garante a aproximação de Deus é a disposição do coração, não o lugar em que o fiel se encontra. **V)** A Epístola 108 de São Jerônimo. Após o evento da morte do papa Dâmaso, São Jerônimo, as aristocratas Paula e sua filha Eustóquia, por serem amigos do falecido Papa, passam a pôr dificuldades junto aos clérigos romanos. Com isso, em agosto de 385, Jerônimo deixa Roma para buscar abrigo em Antioquia. Alguns dias depois, as duas senhoras, com uma dama de companhia, vão ao encontro de Jerônimo e empreendem uma peregrinação a Jerusalém, no fim de 385, onde visitam todos os Lugares Santos de Jerusalém e do Egito. É interessante notar que a peregrinação já atinge uma maior área geográfica e também há uma complexificação: Jerônimo vai como diretor espiritual das peregrinas[9].

De forma geral, o principal destino cristão das peregrinações na Antiguidade e na Idade Média foi a

[9] Cf. MARTINS, p. 15-18; MARTINS, 2020; PAPA, 2014.

Terra Santa. Mesmo com o surgimento do Islã e a posterior conquista de Jerusalém no século VIII, os califados omíadas e abássidas não proibiram ou impuseram maiores dificuldades aos peregrinos cristãos. O fato é que o afluxo de peregrinos a Jerusalém era benéfico para a economia local, fato que os califados souberam tirar bastante proveito. Ademais, para além do interesse econômico, essa postura dos califados, frente aos peregrinos cristãos na Alta Idade Média, aponta para o caráter tolerante do Islã, naquele contexto. Evidentemente, esse estado das coisas era bastante volátil, e relatos de violências sofridas por peregrinos rumo aos Lugares Santos não são raridade. Apesar de, em 1009, o califa fatímida al-Hakim ter destruído o Santo Sepulcro e ter demonstrado certa intolerância aos peregrinos cristãos, o afluxo de fiéis continuou constante, em praticamente todo o século XI[10].

Mudança significativa no que diz respeito à peregrinação para Terra Santa ocorreu a partir de 1071, quando os turcos seljúcidas tomaram o controle de Jerusalém, mas não sem sangrentas lutas entre os grupos islâmicos seljúcidas e fatímidas. Tal acontecimento somado às preocupações escatológicas do século XI elevaram o espírito da peregrinação para a modalidade da Cruzada. Ou seja, a Cruzada passou a ser uma peregrinação armada para a *libertação* da Terra Santa. Em 1099, os cavaleiros cristãos tomaram o controle de Jerusalém e fundaram alguns reinos espraiados pela Palestina, dentro do contexto da Primeira Cruzada (1096-1099). Embora a historiografia insista em chamar esses cavaleiros de *cruzados*, a documentação da época

---

[10] Cf. SOT, 2017, p. 398.

os nomeia como peregrinos, independentemente se a preocupação da ida a Jerusalém fosse militar, política, econômica ou religiosa[11].

Os cristãos perderam o controle definitivo de Jerusalém, no ano de 1187, quando Saladino conduz os islamitas à vitória. Do século XII até o século XV, entretanto, as peregrinações cristãs à Terra Santa se mantiveram de forma ininterrupta. Fato é que de quando em quando as dificuldades impostas pelos muçulmanos fizeram com que o número de peregrinos decaísse, como durante o século XIII. Já no século XIV as peregrinações foram afetadas pela Peste. O fato é que Jerusalém continuou sendo o local por excelência das peregrinações cristãs[12], não apenas no período medieval, mas nos períodos subsequentes da História.

## O culto aos santos e às relíquias

O tema da santidade tem bastante destaque e significado tanto na Bíblia Hebraica (Antigo Testamento) quanto no Novo Testamento e na caminhada posterior da Igreja. De forma bastante geral e resumida, o Livro do Levítico abordará esse tema a partir das concepções de pureza e impureza. Nesse caso, garantir a pureza pessoal e comunitária era a forma de se conseguir os benefícios divinos. O Livro de Isaías irá dar um passo a mais na compreensão da santidade ao atrelá-la não apenas às questões legais-rituais de Levítico, mas ao sentido moral e espiritual; assim, o que afastava os homens de Deus seriam as faltas concretas cometidas

[11] Cf. SOT, 2017, p. 398-399.
[12] Cf. SOT, 2017, p. 399.

e arquitetadas no coração. De qualquer forma, para o Antigo Testamento, a santidade era uma característica quase que exclusiva de Deus, podendo ser concedida a poucos seres humanos, em decorrência de sua irrestrita obediência, como Moisés, Samuel, Davi, Elias e Eliseu[13].

Por sua vez, o Novo Testamento irá ampliar o sentido da santidade e também a forma como os seres humanos com ela lidariam. A partir da encarnação do Verbo, homens e mulheres são destinatários da santidade, ou seja, o Cristianismo inaugura a vocação universal à santidade. Tal vocação está bem expressa nos Evangelhos, porém, a forma comum desse entendimento está bem definida e entendida no período apostólico da Igreja. No entendimento dos cristãos dos primeiros séculos, todo homem e toda mulher que aderem à proposta do seguimento do Cristo passam a ser santificados nele e constantemente convidado a ser santo (cf. 1Cor 1,2). Não por acaso, a forma comum desses irmãos na fé se chamarem nesse contexto é de santo. Todavia, desde as origens, não obstante o chamado universal à santidade ser, evidentemente, estendido a todo e qualquer cristão, a Igreja[14] identificou a santidade expressa de forma mais acabada e visível em figuras de destaque na História da Salvação (Maria, João Batista, Apóstolos) ou nas comunidades cristãs das mais diversas regiões (evangelistas, missionários, mártires).

Devido às muitas dificuldades e perseguições sofridas pelos cristãos dentro do Império Romano, será

[13] Cf. VAUCHEZ, 2013, p. 397.

[14] Entendida como a união e participação de todos os setores dos seguidores de Cristo, ou seja, não me refiro à hierarquia unicamente.

justamente o martírio a maior expressão da santidade nos primeiros séculos da Igreja. O mártir era visto como alguém que, abraçando a fé, viveu a vida de forma caridosa e virtuosa e, ao ser colocado diante de grande sofrimento e coagido a negar sua fé no Cristo, foi fiel até o fim. O mártir tinha sua vida ligada à vida Cristo, assim como sua morte dolorosa estava ligada à morte dolorosa do Cristo. Esses homens e essas mulheres, martirizados nos primeiros séculos do Cristianismo, tornaram-se modelos de perseverança na fé para os cristãos das mais diversas partes, em que a Igreja havia chegado. Visitar seus túmulos, escrever suas histórias e celebrar suas vidas foram a forma de resistência, encorajamento, consolo e fertilidade eclesial para os cristãos desses séculos difíceis. O culto aos santos, Apóstolos e mártires, na cidade de Roma, pode ser visto na longa duração como a prática que deu origem à peregrinação no Cristianismo. Embora em pequena escala e na clandestinidade, os cristãos iam aos cemitérios da cidade de Roma, em locais que apenas os próprios cristãos conheciam, a fim de celebrarem a memória do mártir e buscar as graças de Deus por sua intercessão. Aqui, dois elementos fortes se unem: o culto à memória do santo e à relíquia dele (no caso, seus restos mortais). Com o fim das perseguições aos cristãos, no século IV, e a posterior oficialização do Cristianismo como religião do Império, o culto romano às relíquias dos mártires foi uma prática que se estendeu para todo o mundo cristão[15].

Com o fim das perseguições, o martírio deixou de ser a principal expressão da santidade. A passagem

[15] Cf. SOT, 2017, p. 400.

da Antiguidade para a Alta Idade Média, no que toca a esse tema, irá apresentar nova forma da expressão visível da santidade nos cristãos: confessores, bispos e ascetas, ou seja, homens que defenderam a fé no meio dos pagãos contra ataques hereges. Aos poucos, essa imagem de santidade foi sendo transferida para a figura ideal dos monges, isto é, sua forma regrada, caridosa e ascética de vida. Também, nesse contexto, as relíquias passaram a ser mais valorizadas. Essas passaram a ser vistas como fontes de um poder sobrenatural, de forma particular o poder de curar os doentes[16]. Serão justamente esses dois elementos que levarão à consolidação da peregrinação na Alta Idade Média, sobretudo a Roma, uma vez que os Santos Lugares de Jerusalém envolviam um tempo maior de ausência da terra natal, assim também como era mais perigosa e mais cara. De fato, o local com o maior afluxo de peregrinos no período alto-medieval será Roma[17].

Com o passar dos anos, vários locais de peregrinação vão se consolidando no Ocidente medieval. Belas igrejas em cidades importantes que abrigavam a relíquia de um santo ou de vários outros e mesmo relíquias ligadas ao Cristo, trazidas da Terra Santa, como, por exemplo, fragmentos da Cruz de Cristo e a Coroa de Espinhos. No caso da Coroa de Espinhos, o Rei de França, Luís IX (1214-1270), adquiriu-a e construiu a Sainte-Chapelle, como local para abrigar tão prestigiosa relíquia. Evidentemente que, com isso, também Paris passou a ser local de peregrinação, a partir do século XIII.

---

[16] Cf. VAUCHEZ, 2013, p. 397.
[17] Cf. SOT, 2017, p. 399.

Uma última palavra sobre a peregrinação medieval, sobretudo, no contexto da Idade Média Central e Baixa Idade Média, é que essa prática devocional se impôs em dupla perspectiva. A primeira diz respeito ao culto aos santos e às relíquias. Os deslocamentos regionais e suprarregionais, aos mais diversos santuários, buscavam, muitas vezes, a cura de alguma doença ou o pagamento de uma promessa. Essa característica medieval da peregrinação perdurou ao longo dos anos e se consolidou na prática devocional católica, pelas eras subsequentes. Basta, por exemplo, uma observação das práticas católicas no Brasil: anualmente, seja no Santuário Nacional de Aparecida, seja em outro santuário qualquer, grande número de fiéis para lá se deslocam com a mesma perspectiva dos peregrinos medievais: busca de cura ou demonstrar gratidão pelo êxito da promessa feita. Todavia, a peregrinação medieval apresentava outra característica que é pouco evidente nas peregrinações do presente: o aspecto da penitência.

Essa segunda perspectiva carrega em si vestígios da prática penitencial cristã da Antiguidade. Como o sacramento da reconciliação era destinado aos pecados graves, sobretudo à apostasia, quem caía em pecado entrava para uma espécie de *ordem dos penitentes*. Receber o perdão de tais pecados levava o tempo de uma vida, ou seja, de forma pública os pecadores se comprometiam a emendar suas condutas. Geralmente, apenas no fim da vida, o perdão era alcançado. Evidentemente, esse primeiro regime penitencial não mais existia no contexto que aqui se refere. Entretanto, os movimentos de espiritualidade penitente, sobretudo a partir do século XIII, impuseram-se como uma realidade nas mais diversas partes do Ocidente medieval. Assim, as peregrinações eram também uma expressão desse movimento espiritual majoritariamente ordenado pelos leigos. O caminho do local de origem até o santuário, devido à dificuldade da caminhada, à exposição às intempéries climáticas, aos riscos de se sofrer violência ao longo do trajeto, ao desconforto para o repouso, à fome e sede, em suma, à vulnerabilidade e ao esforço do peregrino, tudo isso era encarado com heroísmo e boa vontade, por parte de quem se dispunha a peregrinar. Também a forma de se vestir era diversa da forma quotidiana: vestes simples, que também remetiam às vestes dos penitentes da Antiguidade cristã. Essa realidade da peregrinação era abraçada como forma de penitência: ascese para o espírito e o corpo, modéstia na forma de se vestir e portar. Ou seja, o peregrino buscava também o perdão dos pecados ao longo do trajeto. Completar o caminho, alcançar o santuário era mais importante do que estar no destino final, pois, no fim das contas, a caminhada durava muito mais do que a permanência no santuário ou Lugar Santo. Assim, a caminhada dolorosa era também forma de purgar os pecados cometidos.

De forma geral, olhar para a peregrinação na Antiguidade e na Idade Média, com suas origens no culto aos santos e às relíquias, deixa claro o caminho percorrido pelas mais variadas gerações de cristãos, que possibilitou no ano de 1300 nova modalidade de peregrinação: o Jubileu.

# 2
# O PRIMEIRO JUBILEU

Convocado em 1300, pelo papa Bonifácio VIII, o primeiro Jubileu da história inaugurou uma piedosa e salutar tradição na Igreja. A forma como se chegou a esse primeiro evento jubilar na Igreja demonstra uma faceta poucas vezes evidenciada pelos historiadores da Igreja na Idade Média. Ou seja, embora haja a convocação e oficialização pontifícia do evento religioso, o Jubileu nasceu não de uma demanda da hierarquia eclesial, mas de um desejo dos fiéis de Roma. O fato de recorrerem à autoridade papal para a chancela do Ano Jubilar, em hipótese alguma faz do contexto nascedouro dessa tradição cristã – e mesmo da Igreja medieval – um tempo marcado pelo *clericalismo* e o desprestígio dos leigos na Igreja. Bem ao contrário, demonstra a rica e fértil participação leiga na vida da Igreja e como tal postura estava em harmonia com os ministros ordenados. Evidentemente, em certos momento, as oposições entre clérigos e leigos também seja visível, assim também como entre clérigos e clérigos e mesmo entre leigos e leigos. Em suma, a vida da Igreja medieval não acontecia na oposição clero-leigos, embora de quando em quando isso ocorresse, em vista de interesses temporais dissonantes. Atentar para esta realidade é fundamental para vislumbrarmos uma Igreja viva na Idade Média que, não obstante dificuldades e conflitos, integrava em seu seio as diversas categorias de fiéis.

Apontei no capítulo anterior as longas tradições da peregrinação e do culto aos santos e às relíquias. É preciso ter em mente esses dois eventos, ao longo da História, para entendermos a criação do Jubileu. As condições de possibilidade para a novidade do Ano Jubilar em 1300 são devidas à consolidação dos locais de peregrinação e das buscas dos fiéis para essa atividade penitencial, de petição ou de ação de graças. Pois bem, na sequência, irei apontar o contexto imediato que antecedeu ao Primeiro Jubileu. Sim, o Jubileu também incorporou práticas de misericórdia do cristianismo medieval do século XIII.

## Eventos eclesiais que proximamente antecederam e moldaram o Jubileu

A proclamação do primeiro Jubileu, em 1300, como uma inovação criativa, nas celebrações da Igreja em Roma, precisa ser bem enquadrada dentro da atuação pastoral dos Papas nos séculos XII e XIII, assim também como expressão do poder temporal de que dispunham. Ou seja, os decretos e as conceções desses pontífices tinham longo alcance dentro da Cristandade, não apenas como determinações para a vida espiritual dos fiéis, mas inclusive como posicionamento político dentro do cenário medieval. Todavia, irei apenas me ater aos eventos de cunho religioso-espiritual que ocorreram bem próximos ao ano de proclamação do primeiro

Ano Jubilar. É preciso entender esses eventos, embora separados no tempo e no espaço, como condições de possibilidade para que a geração cristã romana, de fins do século XIII, fizesse o pedido do Jubileu ao papa Bonifácio VIII. De forma mais concreta, enquanto no capítulo anterior foram elencados os eventos e as práticas dos cristãos, na longa duração como caminho de fomento para as celebrações e formas eclesiais, que chegaram até 1300, agora, neste primeiro item, serão elencados os eventos na curta duração que, de maneira mais imediata, transparecem a mentalidade e a espiritualidade de homens e mulheres na marcha para a Baixa Idade Média.

Há três eventos bastante singulares na História da Igreja Medieval que transparecem o início daquela prática que se solidificaria mundialmente como Ano Santo. São eventos isolados, separados temporal e geograficamente. Contudo, quando analisados dentro de uma conjuntura maior, demonstram um caminhar para o evento realizado em 1300, pois todos englobam ampla participação popular, peregrinação a igrejas ou santuário, chancela pontifícia e concessão de indulgências.

O primeiro evento, a que me refiro, deu-se em 1122, sob o pontificado de Calisto II (1119-1124), e está ligado ao santuário de Santiago de Compostela. O culto a Santiago, na atual Espanha, teve seu início no século VII, com o fortalecimento de que o Apóstolo São Tiago tivesse efetuado sua pregação missionária naquela região. Essa mítica ligação do Apóstolo com aquela região ganhou enorme influxo quando foram descobertas as relíquias do Santo, entre 788-838, e as consequentes construções de basílicas para o abrigo dos restos mortais do Apóstolo. Todavia, a devoção e peregrinação ao santuário de Compostela, pelo menos até o fim do século IX, era de abrangência local, ou seja, não atraiu peregrinos de terras mais distantes. Em fins do século IX e inícios do X, Compostela transformou-se em foco de peregrinos de outras terras, tanto em variedade quanto no aumento da quantidade. Com isso, foi construído um alojamento para os peregrinos. Em fins do século XI, Santiago de Compostela era já um destino internacional de peregrinos, e as estruturas para a acolhida dos peregrinos eram coordenadas por ordens religiosas, destinadas unicamente a esse apostolado[1]. Pois bem, em 1122, Santiago de Compostela era um dos destinos mais buscados pelos cristãos do Ocidente medieval, como local de experiência da fé, desejo de cura e perdão. Uma rota peregrina (Caminho de Santiago) servia como local de apoio aos mais diversos romeiros que se dirigiam ao norte da atual Espanha. Justamente por esse prestígio alcançado por Santiago de Compostela dentro da Cristandade, papa Calisto II concedeu o privilégio ao santuário e aos romeiros de que, sempre que a Festa litúrgica do Apóstolo caísse em um Domingo, ocorreria um *jubileu*, ou seja, momento de grande alegria e conceção de indulgências a todos que participassem.

Segundo evento de impacto deu-se sob o pontificado de Honório III (1216-1227), no início de seu governo da Igreja. Os registros mais antigos desse ocorrido na Porciúncula são do frade franciscano Bartolomeu de Pisa, no século XIV. Seguramente o frade minorita recolheu em seus escritos a tradição oral que circulava

[1] Cf. SOT, 2017, p. 403-404.

entre o povo e os membros da Ordem dos Frades Menores sobre os acontecimentos do século anterior. Refiro-me àquilo que ficou conhecido como o Perdão de Assis. De acordo com a descrição de Bartolomeu, "uma noite, do ano do Senhor de 1216, Francisco estava compenetrado na oração e na contemplação na igrejinha da Porciúncula, perto de Assis, quando, repentinamente, a igrejinha ficou repleta de uma vivíssima luz, e Francisco viu sobre o altar o Cristo e, a sua direita, sua Mãe Santíssima, circundados de uma multidão de anjos. Francisco, em silêncio e com a face por terra, adorou a seu Senhor"[2]. Após esse momento místico de profunda contemplação, o Senhor Jesus e sua Mãe Santíssima perguntaram a Francisco o que ele desejava para a salvação das almas. "Santíssimo Pai, mesmo que eu seja um mísero pecador, te peço, que, a todos quantos arrependidos e confessados, virão a visitar esta igreja, lhes conceda amplo e generoso perdão, com uma completa remissão de todas as culpas"[3], foi o pedido de Francisco de Assis. Obtendo como resposta os seguintes dizeres, "Ó Irmão Francisco, aquilo que pedes é grande, de coisas maiores és digno e coisas maiores tereis: acolho, portanto, o teu pedido, mas com a condição de que tu peças esta indulgência, da parte minha, ao meu Vigário na terra (Papa)"[4]. Obediente e pressurosamente, Francisco aproveitou que o papa Honório III estava em visita a Perúgia, distante apenas 18,6 km de onde se encontrava e lhe expôs todo o acontecido. O Papa deu a aprovação do pedido de Francisco e, poucos dias

---

[2] MATERIAL, 2017, p. 4.
[3] MATERIAL, 2017, p. 4.
[4] MATERIAL, 2017, p. 4.

mais tarde, em 2 de agosto de 1216, junto aos bispos da Úmbria e com o povo reunido na Porciúncula, Francisco anunciou, entre lágrimas, a grande indulgência: "Irmãos meus, quero mandar-vos todos para o paraíso!"[5]

Finalmente, o terceiro evento, dado sob o pontificado de Celestino V. Eleito com a avançada idade de 85 anos, mas, carregado da fama de santidade em vida, devido a sua espiritualidade eremítica, geralmente esse Papa é lembrado pela História por seu curto tempo à frente da Igreja e por sua renúncia ao papado. De fato, Celestino V assume o ministério pontifício, em 29 de agosto de 1294, tendo o colégio cardinalício se reunido em conclave na cidade de Perúgia, e renunciou em 13 de dezembro do mesmo ano. Seu primeiro ato como Papa foi a ida até a cidade de Áquila, viagem que fez no lombo de um jumento, embora acompanhado por nobres e o Rei de Nápoles, Carlos II de Anjou, no mesmo dia 29 de agosto. O destino foi a Basílica de Santa Maria de Collemaggio Pietro da Morrone, seu nome atual. Essa basílica havia sido construída por ordem e empenho de Celestino V, então com o nome de Pietro, em 1288; Morrone é referência geográfica do morro onde ficava seu eremitério. De acordo com as documentações da época, grande multidão estava reunida na referida basílica, para saudação oficial do novo Papa e também para a celebração litúrgica do Martírio de São João Batista (o Degolado). Aproveitando a ocasião, Celestino V concedeu o "grande perdão", ou seja, indulgência plenária a todos os fiéis que se encontrassem naquele dia na basílica.

---

[5] MATERIAL, 2017, p. 4.

Essas três práticas piedosas e voltadas para o perdão, nascidas nos séculos XII e XIII, além de terem sidos as práticas "ancestrais" dos Anos Jubilares na Igreja, são práticas que permanecem vivas até hoje. Quando o dia de Santiago de Compostela, 25 de julho, cai em um Domingo, todo peregrino que para lá vai pode receber a indulgência plenária. Anteriormente fixada apenas para o dia 2 de agosto, a conceção de indulgências na Porciúncula, por determinação do papa Paulo VI, em 14 de julho de 1966, com a Carta Apostólica *Sacrosancta Portiunculae ecclesia*, é dada aos peregrinos que por lá passam todos os dias do ano. Finalmente, o "grande perdão" de Celestino V, anualmente é renovado na cidade de Áquila, nos dias 28 e 29 de agosto, e todos os fiéis que lá estiverem podem obter a graça da indulgência.

## 1300: o Primeiro Jubileu

Embora haja alguma interpretação historiográfica de que o "grande perdão" de Celestino V tenha sido o primeiro Jubileu da Igreja, tal posicionamento não se sustenta. O fato é que os três eventos, descritos no item anterior, embora contem com a presença ativa dos Papas, religiosos, pessoas revestidas de poder temporal e de peregrinos, e também da concessão das indulgências, carecem do essencial: a consciência intencional da proclamação de um Ano Jubilar. Portanto o Jubileu é uma celebração da Igreja de Roma, emergido nela/dela, e que perdura o período de um ano inteiro; assim ele nasceu e assim ele se perpetuou na História da Igreja.

A história do Jubileu de 1300 foi conservada para a posteridade, pela pena do Cardeal Jacopo Gaetano Stefaneschi (ca. 1270-1343). Filho do senador romano Pedro Stefaneschi e de Perna Orsini, fica evidente sua origem aristocrática, ligada a duas das famílias mais poderosas de Roma; além de ser sobrinho-neto do papa Nicolau III (1277-1280). Durante o pontificado de Nicolau IV (1288-1292), Jacopo Gaetano ascendeu na carreira eclesiástica ao ser nomeado subdiácono. O papa Bonifácio VIII o fez Cardeal, em 1295. Durante o chamado *Exílio de Avinhão*[6], Cardeal Stefaneschi lá se fez presente, na companhia dos papas, participando, inclusive, dos conclaves que elegeram Clemente V (1305-1314), João XXII (1316-1334) e Bento XII (1334-1342). Jacopo Gaetano escreveu sobre muitos temas, inclusive sobre o Jubileu de 1300. Suas obras são de inestimável valor por ele as ter escrito pouco tempo depois de transcorridos os eventos, e com a intencionalidade histórica dos registros[7]. Sua obra sobre o primeiro Jubileu da Igreja se chama *De centesimo seu Iubileo anno liber*[8], e assim ele introduz o assunto: "Pretendemos realizar com este livro o nosso desejo de transmitir às gerações futuras tudo aquilo que aprendemos sobre o ano do centenário, o jubileu, seja como testemunhas oculares, seja auriculares, seja por referir às opiniões que escutamos, retendo o que a memória, por graça de Deus, não coletou, por serem inúteis à geração presente, mas, ao contrário, por serem necessárias à geração futura e que, ainda assim,

[6] Período de 1309 a 1377 em que a sede papal esteve fora de Roma, mais especificamente na cidade francesa de Avinhão.
[7] Cf. TEIXEIRA, 2020, p. 132.
[8] As citações traduzidas dessa obra são retiradas do excelente trabalho do Prof. Dr. Igor Salomão Teixeira, ao qual dou meus sinceros cumprimentos. A referência completa está no fim deste livro.

constituem motivo de prazer tanto para uma quanto para outra. A decisão de escrever essas memórias foi causada pela divulgação da grande indulgência, embora, independentemente das várias opiniões, a confiança de ser capaz de evitar o esquecimento"[9].

O *De centesimo seu Iubileo anno liber* de fato é uma obra de cunho histórico, embora, evidentemente, com a metodologia própria de um homem letrado do século XIV. A organização da obra é bastante objetiva: capítulos 1-3: descrição da origem do jubileu; capítulos 4-11: repercussões da grande peregrinação a Roma; capítulos 12-15: dedicados ao pontificado romano e seus poderes[10]. A descrição sobre a origem do Jubileu é que correu entre o povo, das mais variadas formas, o boato de que, no dia 1 de janeiro de 1300, seriam concedidas, nas Basílicas romanas de São Pedro e São Paulo, o perdão de todos os pecados cometidos. O boato correu e mobilizou os peregrinos. O Cardeal Stefaneschi anotou: "desde o pôr do sol do primeiro dia do ano até à meia noite (referindo-se ao dia 1 de janeiro de 1300), uma multidão imensa acorreu à Basílica de São Pedro, e os fiéis amontoaram-se em redor do altar, comprimindo-se uns aos outros, como se, no fim daquele dia, expirasse o maior perdão"[11].

A notícia da indulgência plenária havia rompido os limites da cidade de Roma e se espalhado pelas mais diversas regiões, o que resultou no contínuo chegar de mais e mais peregrinos em Roma. Não se conseguiu chegar à fonte dos boatos, mas Bonifácio VIII acabou

---

[9] Cf. TEIXEIRA, 2020, p. 134.
[10] Cf. TEIXEIRA, 2020, p. 140.
[11] COELHO, 2008, p. 27.

por acolher o apelo do povo romano e proclamou o Primeiro Jubileu da História da Igreja pela bula *Antiquorum habet fida relatio*, no dia 22 de fevereiro de 1300, Festa da Cátedra de São Pedro. "E, portanto, como os Beatos Apóstolos Pedro e Paulo são honrados com mais devoção, suas Basílicas serão lotadas de fiéis e, para que se sintam cada vez mais tranquilos com a oferta de dons espirituais, por isso concedemos, confiando-nos à misericórdia de Deus Todo-Poderoso e aos méritos e autoridade dos mesmos Apóstolos, com o conselho de nossos irmãos e na plenitude do poder apostólico, a todos aqueles que no presente ano mil e trezentos, que começou recentemente com a festa da Natividade de Nosso Senhor Jesus Cristo, e em qualquer outro centésimo ano seguinte, eles acessarão as mencionadas Basílicas com reverência e verdadeiramente arrependidos e confessados, e para aqueles que verdadeiramente se arrependerem neste presente centésimo ano e em qualquer centésimo ano futuro, não apenas pleno e muito grande, mas de fato muito pleno perdão de seus pecados. Estabelecemos que aqueles que desejarem tornar-se participantes de semelhante indulgência concedida por Nós, devem ter acesso às mencionadas Basílicas, se forem romanos, por pelo menos trinta dias contínuos ou alternados e pelo menos uma vez por dia; se forem peregrinos ou estrangeiros, devem fazer o mesmo durante quinze dias"[12].

O evento da proclamação do Ano jubilar de 1300 foi tão marcante socialmente que, inclusive, a cultura material registrou esse fato histórico. Giotto de Bondone (1266-1337), afamado pintor toscano, havia sido

[12] PEREZ, 2023, p. 26-27.

convidado, em torno do ano 1300, para pintar um grande mosaico, na antiga Basílica de São Pedro. Essa obra, chamada *La Navicella*, conserva ainda alguns fragmentos, após restauros no edifício. Por comemoração do Jubileu de 1300, a Basílica de São João de Latrão foi adornada com afrescos referentes a ele. A convite do Cardeal Jacopo Gaetano Stefaneschi, Giotto regressou a Roma, em 1311, e participou das obras; de suas mãos ainda restam fragmentos do grande mural, especificamente o impressionante registro de *Bonifácio VIII proclamando o Jubileu*.

Além de dar oficialidade para o movimento piedoso brotado do povo, Bonifácio VIII, na bula de proclamação do Jubileu de 1300, instituiu para o constante futuro da Igreja essa prática jubilar. Ratificou a concessão das indulgências para os peregrinos contritos e estabeleceu as formas para alcançá-las: visita à Basílica de São Pedro e à Basílica de São Paulo, em Roma, real arrependimento dos pecados e ter passado pelo sacramento da reconciliação, e participação em celebrações nas referidas basílicas; para o caso de residentes em Roma, os fiéis deveriam participar de 30 dias de exercícios espirituais, se peregrinos ou estrangeiros, 15 dias. O Cardeal Stefaneschi, residente em Roma, narra sua experiência no Jubileu: "Nós mesmos nos colocamos, do mesmo modo, não por ostentação de grandeza, mas por transmitir um incitamento à posteridade. Residíamos em Trastevere, perto da igreja da Mãe de Deus - onde se diz que no momento da Natividade do nosso Salvador brotou de uma fonte um grande jato de óleo sobre o Tibre - dita, depois, Taverna meritória (aqui é o lugar de nossa origem paterna), e, depois da promulgação da indulgência, fomos em peregrinação, por trinta dias consecutivos, nas duas basílicas [Basília Vaticana e Basílica Ostiense], sem deixar de frequentar o consistório em Latrão, no mesmo dia"[13].

Atestando que o número de peregrinos continuou aumentando, outra personagem importante do século XIV, que se impressionou com o volume de romeiros, no Jubileu de 1300, foi o toscano Dante Alighieri (1265-1321). Embora inimigo político do papa Bonifácio VIII, Dante também se colocou em peregrinação, de Florença a Roma. As impressões do que viveu durante o Jubileu de 1300 foram tão profundas em sua memória e seu coração que, em sua obra *Commedia*, escrita entre 1304-1321, ele registrou o que foi a peregrinação jubilar. "Em Roma, assim, às turbas, que se apinham/ Do Jubileu no tempo, sobre a ponte/ Se abriu aos que iam trânsito e aos que vinham:/ De um lado andavam, os que tendo em fronte/ O castelo, a S. Pedro se endereçam,/ E do outro lado os que iam para o monte"[14].

São muitos os relatos admirados de quem testemunhou e registrou o Jubileu de 1300. Apesar de não ser possível ao historiador confiar totalmente nas fontes históricas, mesmo que elas tendam a hipérboles numéricas, há convergência entre elas. A plástica descrição de Dante sobre a ponte do Castelo, na entrada de Roma, dividida em dois sentidos de caminhada, ou seja, um sentido de entrada outro de saída, pode parecer um exagero, mas está em sintonia com o que

---

[13] TEIXEIRA, 2020, p. 140.

[14] *Come i Roman, per 1' esercito molto, / L'anno del Giubbileo, su per lo ponte / Hanno a passar la gente modo cólto: / Che dall' un lato tutti hanno la fronte / Verso il castello, e vanno a santo Pietro; / Dall' altra sponda vanno verso il monte. Commedia*, Inferno, Canto XVIII, 28-33.

escreveu Villani: "grande parte dos Cristãos que então viviam, fizeram a peregrinação... O marido, a mulher e os filhos deixavam as casas fechadas e encaminhavam-se para o perdão todos juntos e com espírito de piedade"[15]. O registro de Guglielmo Ventura d'Asti diz o seguinte: "uma enorme turba, que ninguém podia contar, a tal ponto que as pessoas se pisavam umas às outras, ao atravessarem a ponte"[16]. O fato é que houve a presença de todas as classes de pessoas no Jubileu, os doentes foram carregados, houve quem vendesse bens, para conseguir fazer a peregrinação, e quem estava ocupado com atividades buscou substituto para esse tempo[17]. Mesmo na multidão, foi possível o reconhecimento de estrangeiros ou, para a época, peregrinos vindos de fora da Península Itálica. Francheschini afirma que chegava gente sobretudo da Itália, da França, da Alemanha e da Hungria[18]. Observação corroborada pelo Cardeal Stefaneschi, que identificou peregrinos da Hungria, Germânia, Provença e poucos ingleses, porque estavam em guerra[19].

Justamente por ter sido um movimento vindo do povo e ter se espalhado descontroladamente, não houve condições de uma preparação para o Jubileu. Essa falta de organização prévia se fez sentir na cidade de Roma, incapaz de oferecer estrutura para tal quantidade de peregrinos, e também nos mais diversos grupos de romeiros, que foram em busca das indulgências sem previdência. Stefaneschi alertou as gerações futu-

15 COELHO, 2008, p. 33.
16 COELHO, 2008, p. 33.
17 Cf. COELHO, 2008, p. 33-34.
18 Cf. COELHO, 2008, p. 33.
19 Cf. TEIXEIRA, 2020, p. 141.

ras principalmente na questão da falta de alimentos: "Tu, que estás lendo com atenção, caso tenhas compreendido os problemas logísticos da multidão, não duvides dos [problemas] de seu sustento. Reconsideres no futuro sempre o que aconteceu no jubileu e o quanto é necessário que te prepares"[20].

O Jubileu de 1300 foi um grande sucesso. Marcou com dignidade o início de uma tradição eclesial. É preciso levar em consideração, porém, que, após a proclamação do Jubileu, papa Bonifácio VIII fez uso de estratégia de propaganda do Ano Santo. Nesse quesito, os franciscanos tiveram papel decisivo: foram os principais divulgadores e convenceram os povos a peregrinarem até Roma, por meio de seu ministério de pregação itinerante. Para facilitar a propagação do Jubileu, de modo que as pessoas pudessem guardar na memória as principais informações da bula de proclamação e servissem também elas de divulgadoras do evento eclesial, as informações também foram transpostas em versos fáceis de serem decorados e com rimas simples para serem repetidas. Exemplo: "O ano centenar em Roma é sempre jubilar. Os crimes são absolvidos e perdoados aos arrependidas. Isso declarou Bonifácio e confirmou"[21].

## O primeiro Jubileu e o jubileu bíblico: uma reflexão sobre exegese medieval

Nas várias literaturas sobre os jubileus na vida da Igreja, seja em reflexão histórica ou meramente no

---

[20] TEIXEIRA, 2020, p. 141.
[21] COELHO, 2008, p. 28.

desejo da definição do que é o jubileu na Igreja, não é raro o encontro da busca das origens da celebração cristã na Bíblia, de forma mais definida no Livro do Levítico 25,8-17.23-34[22]. Quando se acha uma leitura teológica mais elaborada sobre o tema do Ano Santo e suas origens bíblicas, há, inclusive, a conexão do texto veterotestamentário com a Profecia de Isaías 61,1-3 e o Evangelho de Lucas 4,16-21[23]. Embora de fato o jubileu seja um tema bíblico, não apenas sua celebração não foi uma realidade no Antigo Reino de Israel (Israel Bíblico), como também a literatura bíblica sobre o tema não inspirou a celebração do primeiro Jubileu na História da Igreja. Penso que esse argumento já tenha ficado claro para o leitor mais perspicaz, com o início deste capítulo, em que elenquei os eventos históricos que prontamente antecederam e possibilitaram o primeiro Ano Jubilar. Todavia, gostaria de reforçar um pouco mais essa argumentação, levando em consideração o trato dos medievais com a Bíblia, de forma específica a exegese sobre o texto do jubileu.

É senso comum a ideia de que os medievais tinham um trato fideísta no que toca ao uso da Bíblia, ou seja, basicamente os medievais eram homens e mulheres que aplicavam de forma literal, em seu quotidiano, as narrativas bíblicas. Em outras palavras, os medievais tinham uma leitura literal e fundamentalista das Sagradas Escrituras. Os estudos, nas mais variadas áreas do saber, já colocaram por terra essa falsa imagem dos cristãos medievais e o uso da Bíblia. Cito apenas como exemplo o árduo e esclarecedor trabalho de Henri de

---

[22] Cf. COELHO, 2008, p. 23; 31; VAUCHEZ, 2013, p. 239.
[23] Cf. THURSTON, 1910.

Lubac (1959),[24] que devolveu para os medievais aquilo que os cristãos pensaram ser algo conquistado na modernidade, a partir da Reforma Protestante: a Sagrada Escritura, na vida da Igreja, e a rica e complexa exegese dos textos sagrados, na Idade Média. De forma bastante simples e sintética, apresento o que Lubac resgatou da exegese medieval: haviam quatro sentidos para a interpretação das Sagradas Escrituras: o sentido literal, o alegórico, o moral e o anagógico. Os quatro sentidos das Escrituras eram herança da Antiguidade cristã que foi complexificada e amplamente utilizada pelos escolásticos. Enquanto a exegese bíblica da patrística apontava os sentidos literal, alegórico, analógico e tipológico, a exegese medieval substituirá analogia e tipologia por moral e anagogia. Todavia é preciso ressaltar que estas definições não são uma constante uniforme, ou seja, há variações sobre as nomenclaturas e o número dos sentidos das Escrituras, desde a patrística. "Hugo de São Vítor coloca também o sentido anagógico sob o sentido alegórico; em seu *Terceiro Livro das Sentenças*, destaca somente três sentidos: o histórico, o alegórico e o tropológico"[25]. De qualquer forma, o frei dominicano Agostinho de Dácia, em 1287, registrou que essa era a forma exegética comum de seu tempo: "a letra ensina uns fatos que crês alegoricamente, que cumpres moralmente e que tendes [no sentido de querer buscar] anagogicamente"[26].

Santo Tomás de Aquino trabalha a temática das possíveis variações de sentido das Sagradas Escrituras

[24] A publicação original de 1959 está em francês. Utilizo, porém, a tradução para o inglês de 1998.
[25] TOMÁS DE AQUINO, Suma Teológica, I, q. 1, a. 10, p. 155.
[26] COELHO, 2019, p. 60.

na Questão 1 (Sobre a Doutrina Sagrada), artigo 10 (O texto das Escrituras encerra vários sentidos?) de sua Suma Teológica. No referido artigo, o autor deter-se-á sobre três problemas: 1) se a multiplicidade de sentidos geraria um problema na interpretação das Escrituras; 2) se é conveniente explicar as Sagradas Escrituras, a partir dos quatro sentidos exegéticos; e 3) o fato do sentido parabólico não estar incluído nos sentidos referidos anteriormente. Sobre esses três argumentos, de forma contrária, há os dizeres de São Gregório Magno: "A Escritura Sagrada, pela própria maneira de se exprimir, ultrapassa todas as ciências; porque em um único e mesmo discurso, ao contar um fato, dá-nos um mistério"[27]. Portanto, as Sagradas Escrituras não apresentam apenas palavras, mas realidades do próprio Deus. É dessa realidade da Sagrada Escritura e dessa aparente contradição metodológica que o Doutor Angélico irá dar suas respostas aos problemas colocados, que partirão da necessidade dos vários sentidos da Escritura.

Os escolásticos aproximavam-se da Bíblia com essas regras rígidas em mente. O sentido literal é o mais básico, pois é a letra que informa. O fato de os medievais não colocarem dúvidas sobre o *acontecimento histórico* das narrativas não impedia que os mesmos textos fossem interpretados em sentidos bem mais amplos do que a literalidade narrada. Bem concretamente, o sentido literal era o menos buscado pelos exegetas, afinal, ele já dava as chaves de leitura evidentes. Assim, os sentidos mais buscados eram os outros três, também chamados de sentidos espirituais e, por causa de sua

---

[27] TOMÁS DE AQUINO, Suma Teológica, I, q. 1, a. 10, p. 153.

sofisticação, é justamente o que justifica a existência da exegese medieval.

A fim de atalhar o raciocínio sobre o tema, darei dois exemplos da aplicação exegética medieval e suas explicações; isso servirá para definir os três sentidos espirituais, ao mesmo tempo que exemplifica a definição deles. Na Suma Teológica, Santo Tomás afirma o seguinte: "Por sua vez, o sentido espiritual se divide em três sentidos diferentes. Com efeito, diz o Apóstolo, na Carta aos Hebreus, que a lei antiga é uma figura da lei nova; e a própria lei nova, acrescenta Dionísio, é uma figura da glória futura; além do mais, na lei nova o que se cumpriu na cabeça é figura do que devemos fazer. Por conseguinte, quando as realidades da lei antiga significam as da lei nova, temos o **sentido alegórico**; quando as coisas realizadas no Cristo, ou naquilo que Cristo representa, são o sinal do que devemos fazer, temos o **sentido moral**; enfim, quando estas mesmas coisas significam o que existe na glória eterna, temos o **sentido anagógico**"[28]. O mesmo Tomás de Aquino no *Super Epistolam B. Pauli ad Galatas lectura* (1272-1273) dirá o seguinte, no fim da *lectio* 7, do capítulo IV: "Desses sentidos, podem-se dar exemplos: 'Haja luz', literalmente, se for luz corpórea, este é o **sentido literal**. Se alguém ouve: 'Haja luz', para Jesus Cristo nascer na Igreja, trata-se do **sentido alegórico**. Finalmente,

[28] *Hic autem sensus spiritualis tnifariam dividitur. Sicut enim dicit Apostolus, Hb 7,19: lex vetus figura est novae legis: et ipsa nova lex, ut dicit Dionysius in Ecclesiastica Hierarchia, est figura futurae gloriae: in nova etiam lege, ea quae m capite sunt gesta, sunt signa eorum quae nos agere debemus. Secundum ergo quod ea quae sunt veteris legis, significant ea quae sunt novae legis, est sensus allegoricus: secundum vero quod ea quae in Christo sunt facta, vel in his quae Christum significant, sunt signa eorum quae nos agere debemus, est sensus moralis: prout vero significant ea quae sunt in aeterna gloria, est sensus anagogicus* (TOMÁS DE AQUINO, Suma Teológica, I, q. 1, a. 10, p. 154 – negrito por minha conta).

se dizemos: 'Haja luz', isso quer dizer que somos introduzidos por Jesus Cristo na glória, esse é o **sentido anagógico**. Finalmente, se dissermos: 'Haja luz', isto é: que sejamos iluminados em nossa inteligência e inflamados em nossa vontade por Jesus Cristo, trata-se do **sentido moral**"[29].

Pois bem, intrigado leitor, acredito que, a essa altura, você esteja se perguntando o motivo deste enfadonho autor ter feito todo esse volteio sobre exegese medieval. Compreendo que até o momento esse item do presente capítulo pareça mesmo não fazer muito sentido, pois meu propósito é falar sobre o primeiro Jubileu. Todavia, mesmo sabendo que abusei de sua paciência, ansioso leitor, espero que tudo faça sentido a partir das próximas linhas. Como disse, anteriormente, há certa *ingenuidade maliciosa*, no senso comum, ao afirmar a imperícia dos medievais no trato da Bíblia; esse argumento, atrelado a escritos recentes, que colocam o Jubileu de 1300 ligado à interpretação bíblica, de meu ponto de vista, serve ainda mais para ressaltar essa visão, mesmo que a intenção dos autores não seja essa. Assim, colocadas as bases da exegese bíblica medieval, convido você, perspicaz leitor, ao exercício prático da exegese medieval do texto de Levítico 25,8-17.23-34, isto é, o texto bíblico sobre o Ano Jubilar no Antigo Reino de Israel. Para tal, farei uso da *Biblia communis*, o instrumento de trabalho comum dos exegetas medie-

[29] *Et omnium horum patet exemplum. Per hoc enim quod dico fiat lux, ad litteram, de luce corporali, pertinet ad sensum litteralem. Si intelligatur fiat lux id est nascatur Christus in Ecclesia, pertinet ad sensum allegoricum. Si vero dicatur fiat lux id est ut per Christum introducamur ad gloriam, pertinet ad sensum anagogicum. Si autem dicatur fiat lux id est per Christum illuminemur in intellectu et inflammemur in affectu, pertinet ad sensum moralem* (TOMÁS DE AQUINO. *Super Epistolam B. Pauli ad Galatas lectura*, c. IV, l. 7 – negrito por minha conta).

vais, também conhecida como *Bíblia glosada*[30], embora os medievais se reportem a esse *instrumento de trabalho* como Glosa. Note, todavia, que não será um trabalho de interpretação minha ou do leitor do presente, mas apenas a exposição da hermenêutica do texto, que era comum aos exegetas do medievo. Ou seja, evidenciarei os comentários comuns que norteavam as interpretações da referida perícope para os mais diversos exegetas. Evidentemente, por questões de foco e economia da paciência do leitor, não exporei toda a glosa, versículo a versículo. Assim, tentarei um trabalho de síntese dos versículos-chave da perícope sobre o jubileu bíblico e sua imediata interpretação pelos *biblistas* da época.

Penso ser interessante iniciar por Lv 25,10: "E santificarás o quinquagésimo ano e proclamarás a remissão a todos os habitantes de tua terra, porque é jubileu, o homem retornará a sua possessão e cada homem retornará a sua antiga família"[31]. O comentário marginal dá o tom interpretativo do inteiro versículo: "E santificarás o ano. Como se em santidade fosse esperado e pensado. Pois devemos buscar a paz e a santidade, sem as

[30] A *Bíblia glosada* é, na verdade, uma versão do texto bíblico em latim publicado pela primeira vez em 1480-1481. O que torna essa fonte diferenciada das outras bíblias que circulavam durante a Idade Média, além do texto comum e coincidente noutros manuscritos bíblicos, eram os comentários exegéticos nas margens do manuscrito e entre as linhas do próprio texto. Ou seja, os estudiosos acrescentaram os sentidos exegéticos dos textos na própria bíblia. Esses comentários ou glosas fornecem segurança para a pesquisa exegética e histórica sobre como os mestres medievais tendiam a interpretar as mais diversas passagens da Sagrada Escritura, além de também serem provas concretas da recepção da patrística no medievo. Evidentemente, há várias *Bíblias glosadas* provindas das mais diversas regiões da Cristandade; todavia, a ferramenta que faço uso é uma versão eletrônica, Gloss-e, que reúne estas mais diversas famílias de manuscritos. Embora a publicação da *Biblia communis* seja do século XV, as glosas ou os comentários dos exegetas que ela conserva são dos vários séculos anteriores, sejam comentários de autores da patrística, sejam de autores da Idade Média.

[31] Tradução livre do texto latino da *Biblia communis*. Todas as citações deste manuscrito nesta seção seguirão o mesmo padrão de tradução livre feita por mim.

quais ninguém verá a Deus". Embora desavisadamente o leitor atual tenha a tentação de interpretar essa passagem, à luz do progresso social do presente e também como busca por justiça social, ou seja, uma tentativa automática da aplicação da Palavra de Deus para a realidade vivida hoje, não é esse o sentido para o medievo. Embora exista um apelo social, na busca pela vivência da santidade e a construção da paz, a interpretação comum do jubileu bíblico era tomada por um viés mais espiritual. Isso fica mais evidente a partir dos comentários interlineares do versículo. Proclamar a remissão significaria o perdão dos pecados e a cura das debilidades, mas, em vista da ressurreição geral, a que todas as pessoas são chamadas a participar. Justamente por isso o voltar para sua terra e para sua família, necessariamente, não estaria em função da vida em sociedade, mas, do Paraíso, a verdadeira pátria. Reforçando ainda mais essa interpretação vem o versículo 13: "No ano do jubileu, retornará cada um a sua possessão". Dois comentários interlineares dizem o seguinte: o retorno será para Deus, pois, "De Deus viemos, para Ele retornaremos"; já quanto à posse pessoal, está em vista da recompensa eterna, "pátria celeste, a recompensa pessoal, pois, 'Na casa de meu Pai há muitas moradas'".

Já, no que toca à ética mercantil, o comentário marginal do versículo 14 é bastante claro e taxativo, pois evidencia uma tópica da teologia baixo-medieval, a busca pelo preço justo das coisas e o combate à usura. Lv 25,14a: "Quando venderes a teu compatriota ou dele comprares, não prejudiques teu irmão". Comentário marginal: "Isto, de acordo com a carta, informa-nos moralmente que devemos simpatizar com nossos contratos fechados, que ninguém deve negociar demasiado para as necessidades dos pobres, que não deve procurar adquirir os bens dos outros, mas emprestá-los aos necessitados, e gradualmente receber os empréstimos provenientes da produção dos campos". Algo interessante de se notar é que o ano jubilar, também nomeado no comentário interlinear deste versículo como *laudis*, ou seja, ano de louvores/alegrias, é interpretado como uma virtude a ser vivida no tempo, contudo, não o tempo de ano jubilar, mas o tempo pessoal de cada ser humano, isto é, sua idade própria. Lv 25,14b: "mas conforme o número dos anos do jubileu comprarei dele". Comentário marginal: "De acordo com os números. Isso está de acordo com a virtude de cada um. Pois os anos significam a idade em que se manifesta o que cada um é capaz, de acordo com seu corpo".

É no sentido da exegese do v. 14b que entra o entendimento do v. 16: "Quanto maior o número de anos após o jubileu, mais aumentarás o preço, e quanto menor o número de anos, mais reduzirás o preço, pois ele lhe vende um determinado número de colheitas". Embora o sentido geral do versículo seja a forma como deve ser cobrada a venda dos frutos da terra, isto é, sendo calculada a partir do tempo decorrido do jubileu, a interpretação não é tomada a partir desse critério, mas a partir da idade daquele que contraiu a dívida. Eis o comentário marginal: "Quanto mais. Isto é, se ele puder trabalhar muito, exigirá muitos frutos; se não muito puder, pagará pouco: pois este arcará com o trigésimo, aquele com o sexagésimo, aquele com o centésimo". O entendimento geral é que o jubileu é uma celebração da comunidade, daí, também, será a comunidade quem arcará com os custos dele, demonstrando tempo de justiça. Portanto, as responsabilidades não são pessoais, mas comunitárias, de onde aquilo que falta ao individual será coberto pelo coletivo, a partir das atribuições de responsabilidades pessoais, de acordo com as capacidades próprias de cada pessoa.

Caso ainda não tenha ficado claro, todo o aparato exegético sobre o jubileu bíblico expressa os sentidos espirituais dessa passagem da Sagrada Escritura. Ou seja, os exegetas não colocam a questão da celebração do ano jubilar para o quotidiano da vida, mas tiram da verdade escriturística valores e virtudes para a vida cristã de seu presente. Como a Bíblia é a fonte da Teologia medieval e também da vida espiritual e moral, os exegetas estão preocupados em extrair os princípios fundamentais para a vida cristã, seja no aspecto da individualidade espiritual, seja para a pregação ou as normatizações morais dos fiéis. Justamente por isso, os temas que afloram da exegese da perícope em questão têm raízes na escatologia, na moral e no combate ao pecado. Tal argumento toma clareza ao abordar o v. 28: "Se não tiver meios para realizar a restituição, a propriedade vendida permanecerá com aquele que a comprou até o ano do jubileu, pois, a partir dele toda venda deverá retornar a seu dono e possuidor original". O texto bíblico é bastante objetivo ao falar das terras vendidas por motivo de dívida ou pobreza, porém, a partir do jubileu, os compradores deveriam devolver as posses aos donos originais. Portanto, o sentido literal diz respeito às relações de compra e venda de terras. Todavia, o sentido da reflexão medieval passará por outro viés. Comentário marginal: "Até o ano etc. Um ano, porque contém todas as horas, dias e meses, e todos os ciclos, significa perfeição. Um pecado, seja perfeito ou duradouro, só é corrigido pela penitência perfeita, na qual se praticam jejum, oração, vestir-se com saco, esmola e lágrimas: pois assim se obtém a remissão completa". O decorrer de todo um ano é visto como a possibilidade, se o fiel fizer penitência, da remissão dos pecados. Assim o tempo não está em função dos bens materiais, mas em função da salvação.

Em suma, creio que esse exercício de exegese medieval tenha sido esclarecedor para o leitor do presente sobre a *não* origem bíblica do Jubileu de 1300. Em hipótese alguma, os exegetas medievais tentaram emular a experiência narrada em Levítico 25 para a Igreja. O que foi feito foi a aproximação dos textos bíblicos na tentativa de seu entendimento espiritual para a vida dos fiéis. A exegese medieval tem sua inteligência voltada para os sentidos espirituais das Sagradas Escrituras, pois deseja apreender a revelação de Deus para a prática da fé, em busca da salvação. Portanto o Primeiro Jubileu não buscou fazer valer o jubileu bíblico. Também não se inspirou nele para sua celebração. Entretanto, é preciso ressaltar, a vivência histórica dos jubileus na Igreja, ao longo dos séculos, voltou-se cada vez mais para o texto de Levítico e outros textos bíblicos e foram se complexificando de aspectos das narrativas da Bíblia. Contudo isso foi um passo bastante posterior e moldado ao longo dos séculos e com a mudança do saber teológico. Logo, creio que para se falar de uma origem *bíblica* dos Jubileus, antes de se olhar para um texto em particular, deve-se buscar a compreensão da vida eclesial da Baixa Idade Média e sua forma de entender e praticar a revelação bíblica.

# 3
# APANHADO GERAL DOS JUBILEUS NA HISTÓRIA DA IGREJA

O propósito deste capítulo é meramente informativo, ou seja, tenho o desejo de que o leitor tenha em mãos, de forma sistematizada e organizada cronologicamente, a caminhada histórica das celebrações dos anos jubilares, ao longo dos séculos. De antemão, quero advertir que o elenco dos jubileus será arbitrário, pois não levarei em consideração os jubileus extraordinários. Assim, o que este capítulo trará será uma súmula dos jubileus ordinários, ao longo dos anos. Atente, porém, que esses jubileus ordinários serão irregulares em sua temporalidade, pois, inicialmente, o Ano Jubilar seria celebrado a cada 100 anos; depois, a cada 50 anos; outra determinação foi a cada 33 anos; finalmente, a cada 25 anos. Se os jubileus ordinários já não seguem um padrão bem definido, ao longo do tempo, o que dizer sobre os jubileus extraordinários? Acontece que um jubileu é uma proclamação/convocação papal e pode acontecer de acordo com sua vontade. Haja vista no passado moderno barroco[1]

[1] A partir do século XVII, houve certa vulgarização na convocação de Anos Jubilares. De acordo com Mario Marrochi, o século XVII vivenciou 40 jubileus, o que transforma essa época em um tempo dos jubileus extraordinários, cf. COELHO, 2008, p. 62.

os jubileus eram convocados, por exemplo, para a celebração de datas importantes dos pontífices no governo da Igreja. Em nossos tempos, papa Francisco proclamou, com a bula *Misericordiae vultus*, o Jubileu Extraordinário da Misericórdia, no ano de 2015. Justamente por essa irregularidade, é praticamente impossível se chegar a um consenso sobre o número de jubileus na História da Igreja. Como demonstrei no capítulo anterior, há quem chame o "grande perdão" de Celestino V (1294) de o primeiro jubileu...

Postas essas advertências, na sequência elencarei os Anos Jubilares ordinários[2] da Igreja em ordem cronológica. Trarei apenas algumas breves informações sobre eles, de forma que não irei trabalhar a história e os pormenores de cada um, pois, esta seria uma tarefa que fugiria ao escopo e ao objetivo deste livro.

## Jubileu de 1300

Proclamado por Bonifácio VIII, pela bula *Antiquorum habet fida relatio*, foi uma resposta positiva aos anseios do povo romano sobre a forma como gostaria de celebrar a passagem do ano 1300 para o 1301, ou seja, uma solene celebração da fé, na mudança do século XIII para o século XIV.

O primeiro Jubileu foi um absoluto sucesso entre povo cristão, não apenas entre os cidadãos de Roma, mas de toda a Cristandade. Durante o Ano Jubilar, enorme quantidade de peregrinos se dirigiu a Roma, para participar das celebrações e alcançar as indulgên-

[2] Bento XIV foi o primeiro a estabelecer uma hierarquização dos Anos Jubilares Maiores e menores, ou na linguagem mais comum, ordinários ou extraordinários. Fez isso na preparação para o Ano Santo de 1750.

cias, recebidas exclusivamente na Basílica de São Pedro e na Basílica de São Paulo Extramuros.

O papa Bonifácio VIII, percebendo o salutar alcance da nova celebração eclesial, determinou que Jubileus fossem celebrados, em Roma, a cada 100 anos.

## Jubileu de 1350

O segundo Jubileu da Igreja aconteceu em um tempo dramático para as mais diversas populações da atual Europa, norte da atual África e oriente balcânico: as devastadoras consequências da peste bubônica, que teve um surto generalizado de 1348 a 1350, embora ao longo do século XIV outros surtos, em âmbitos regionais, continuassem a acontecer.

A cidade de Roma, além de sofrer com a epidemia de peste, também estava bastante degradada economicamente, pois, desde 1309, os Papas não residiam naquela cidade, mas no sul da França, na cidade de Avinhão.

É nesse contexto de grande sofrimento temporal e também com certa sensação de abandono espiritual que, novamente, parte da população de Roma fez grande apelo pela celebração de um Ano Jubilar. Papel importante, para convencer o Papa, desempenhou Petrarca e as famílias aristocráticas romanas Orsini e Colonna.

Em agosto de 1349, atendendo aos clamores do povo romano, papa Clemente VI (1342-1352), pela bula *Unigénitus Dei Filius*, proclamou o Ano Jubilar de 1350, abreviando pela metade o intervalo temporal da celebração dos jubileus, ou seja, em vez de a cada 100 anos, o Pontífice determinava a cada 50 anos. O Jubileu teve início no Natal de 1349.

O resultado final do Jubileu de 1350 foi excepcional: de acordo com algumas fontes, o número de peregrinos em Roma teria sido bastante superior ao registrado no Jubileu de 1300. Talvez a dor e luto das pessoas por seus parentes e suas pessoas queridas, mortos pela peste, e a incerteza das próprias vidas tenham levado essa multidão a não apenas peregrinar para alcançar curas, mas, sobretudo, para alcançar a graça do perdão pelas indulgências jubilares.

Esse Jubileu registrou eventos bastante negativos. A população romana, sobretudo os dependentes do comércio, aproveitaram a ocasião para a recuperação econômica. Os preços de alimentos e hospedagem foram exorbitantes. Houve também o registro de violência entre a turba de peregrinos. No que toca às celebrações e à organização do Jubileu propriamente, devido ao Papa não residir em Roma, estas questões foram impossíveis de um controle maior e mais adequado.

Dado importante foi a inclusão da Basílica de São João do Latrão aos locais de peregrinação.

## Jubileu de 1390

O terceiro Jubileu ocorreu em circunstâncias singulares. Houve um uso político muito declarado dessa piedosa tradição pelo papa Urbano VI (1378-1389). O fato é que, com a morte de seu antecessor, Gregório XI (1370-1378), acontecia também o fim do *Exílio de Avinhão*. Urbano VI foi eleito em conclave, celebrado em Roma, e de lá iria governar a Igreja. Entretanto sua relação com os cardeais não era das mais amistosas e favoráveis, chegando as discordâncias a escalarem tanto que originaram o chamado *Cisma do Ocidente*[3], com a eleição do Antipapa Clemente VII, em 20 de setembro de 1378, que *governava* de Avinhão.

Na busca da unificação da Igreja, Urbano VI valeu-se, dentre outras medidas de cunho político, do Ano Santo. Seu entendimento é de que não se deveria esperar o ano de 1400 para a celebração jubilar, contrariando a decisão de Clemente VI, no Jubileu de 1350. Justificando a antecipação para 1390, o Papa também quis encurtar a distância entre as celebrações jubilares. Não apresentou nenhuma argumentação acerca do encurtamento de anos entre um jubileu e outro, porém deu um tom bastante piedoso para o critério temporal. De acordo com sua determinação, os jubileus passariam a ser celebrados a cada 33 anos, espelhando a idade que Jesus Cristo viveu. A bula de proclamação do Jubileu de 1390, *Salvator noster unigenitus*, foi publicada em 8 de abril de 1389.

Pelas vicissitudes irônicas da História, Urbano VI não celebrou o Jubileu de 1390, pois faleceu em 15 de outubro de 1389. Foi seu sucessor, papa Bonifácio IX (1389-1404), eleito em Roma, no mês de novembro de 1389, quem abriu o terceiro Jubileu da Igreja no Natal daquele ano.

Embora o *papado* de Avinhão tenha feito grande esforço para o insucesso do Jubileu de 1390, chegando

[3] Período de 1378 a 1417 em que os franceses de Avinhão não reconheceram a eleição de Urbano VI e seus sucessores em Roma. Diante disso, elegeram na cidade francesa *papas*, que na historiografia ficaram conhecidos como antipapas e que *governariam* a Igreja a partir da cidade francesa. O fim desse triste cisma se deu com o Concílio de Constança (1414-1418).

a emitir proibições para as peregrinações, no fim das contas, tudo isso não teve efeito concreto. O número de peregrinos foi altíssimo e novamente os comerciantes romanos lucraram muito. Todavia o principal objetivo político não foi alcançado, a unificação da Igreja sob Roma.

Dado significativo foi a inclusão da Basílica de Santa Maria Maior como local de peregrinação. A partir de então, todas as quatro Basílicas Maiores foram locais de acolhida de peregrinos nos jubileus.

## "O perdão da culpa e da pena" de 1400

O "perdão da culpa e da pena", proclamado por Bonifácio IX, em Roma, para todos os fiéis, não é considerado um Jubileu. No máximo, talvez, um Jubileu extraordinário, embora nem isso creio que deva ser considerado. Os motivos dessa celebração, bastante pontual, eram em vista da passagem do século, ou seja, fins do século XIV e início do século XV, e da tentativa de acalmar os movimentos penitenciais de cunho escatológico, que agitavam as populações, sobretudo na Península Itálica, com a perspectiva de que o fim do mundo estava próximo.

Esses movimentos, majoritariamente formados por leigos, vivenciavam forte espiritualidade, ancorada na mística e no castigo corporal, como meios de se alcançar o perdão dos pecados e, consequentemente, evitarem o castigo eterno. Das muitas variações desse tipo de manifestação de fé, destacou-se o movimento dos "Brancos", tanto em número de adeptos quanto na expressão dolorosa de sua espiritualidade: chegavam mesmo a se autoflagelarem em público e tinham um tom mais exaltado, que penetrava as multidões e gerava certo alvoroço.

Em 1400, Roma foi tomada por esses movimentos penitenciais leigos. A proclamação do "perdão", por Bonifácio IX, foi a tentativa do apaziguamento dos ânimos e do espírito desses grupos. Todavia é impossível dizer quais os efeitos concretos da medida do Papa, pois a multidão dos penitentes foi dispersada, não pela reconciliação espiritual, mas pela presença da peste que voltou a assolar Roma. Justamente por causa da peste, o fluxo de peregrinos para Roma, em 1400, foi bastante módico.

## Jubileu de 1423

Papa Martinho V (1417-1431) adotou o critério de contagem das celebrações jubilares, que Urbano VI havia firmado, isto é, de 33 em 33 anos[4]. A contagem foi feita desde o Jubileu de 1390, fato que corrobora ainda mais para o pensamento de que 1400 não foi um Jubileu.

Diferentemente dos Anos Jubilares precedentes, o Jubileu de 1423 tem sua história contada a partir de fontes secundárias, ou seja, não há registro, por exemplo, da data exata de sua proclamação, assim também como a bula não foi conservada com o passar do tempo. De qualquer forma, é incontestável a celebração

[4] Embora o Jubileu de 1423 seja de fato Ano Santo Ordinário, isso se dá porque a tradição do intervalo temporal entre os Anos Santos ainda não estava bem consolidada. Apesar da proposição baixo-medieval dos 33 anos, com exceção do Jubileu de 1423, apenas no século XX essa temporalidade seria colocada em prática na celebração jubilar. Todavia, no século XX, a tradição dos 25 anos já estava consolidada, portanto, os jubileus, convocados por Pio XI (1933) e João Paulo II (1983), estão na categoria de Jubileus Extraordinários.

do Jubileu de 1423. Os registros estão em documentação produzida pelos intelectuais da época, conhecidos historigraficamente como *humanistas*. Em seus muitos escritos, os *humanistas* viam com espanto e rejeição o grande número de peregrinos que chegavam a Roma, por ocasião do Jubileu. Suas críticas ferozes estavam na não aceitação de um catolicismo popular, pautado em devoções, como o culto às relíquias. Ademais, viam a busca pela indulgência como uma forma de se comprar a vida eterna, a custo baixo.

Independentemente da opinião elitista dos *humanistas*, o Jubileu de 1423 foi exitoso. O grande número de romeiros fortalecia o poder papal, agora centralizado em Roma, com o fim do *Cisma do Ocidente*. Para melhor atender as multidões, que acorreram à Basílica de São João do Latrão, foi aberta nova porta para sua entrada.

Sobre a porta aberta em São João do Latrão, há algo a ser dito. Giovanni Rucellai de Viterbo, contemporâneo dos eventos e que anotou os registros de dois Jubileus (1423 e 1450), é quem fornece a informação da "porta aberta em Latrão". Como há pouca documentação conservada do Jubileu de 1423, como já mencionado, paira certa dúvida sobre o sentido da abertura desta porta, ou seja, seria uma porta funcional ou já o incremento da Porta Santa Jubilar? Por enquanto, prefiro optar pela primeira opção, uma vez que falta documentação que indique ser a Porta Santa, embora exista quem afirme o contrário[5].

---

[5] Por exemplo, a matéria publicada pelo Vatican News em 24 de dezembro de 2024 e assinada por Amedeo Lomonaco, há a seguite afirmação: "De acordo com a descrição feita em 1450 por Giovanni Rucellai da Viterbo, foi o papa Martinho V, em 1423, que abriu a Porta Santa pela primeira vez na história dos anos jubilares. Naquela ocasião, o pano de fundo foi a Basílica de São João de Latrão".

## Jubileu de 1450

O pontificado de Nicolau V (1447-1455) foi extremamente positivo no que toca às adaptações já defasadas da cidade de Roma. O Papa promoveu profunda reforma estrutural na cidade, desde a construção e o alargamento das ruas até o embelezamento dos edifícios dentro dos padrões artísticos renascentistas. Conseguiu reunir permanentemente na cidade muitos intelectuais e literatos, além de fundar a Biblioteca do Vaticano. Empreendeu a nova construção do Vaticano e a substituição da antiga Basília Constantina pela Basílica de São Pedro.

Dentro de seu programa de valorização e embelezamento de Roma, Nicolau V retomou a tradição temporal da celebração jubilar, a cada 50 anos. Reiniciou a contagem a partir de 1400. Bem organizado, proclamou o Jubileu de 1450 a 29 de janeiro de 1449, com a bula *Immensa et innumerabilia,* a qual foi lida, além de em Roma, nos mais variados reinos, pelos legados enviados solenemente pelo Papa, para proclamarem e convocarem os peregrinos a Roma.

O Ano Jubilar foi um verdadeiro êxito. De todas as partes chegaram mais e mais peregrinos. Cronistas, referindo-se ao afluxo de gente, registraram figurativamente a vinda dos peregrinos como "bandos de aves, exércitos de formigas, nuvens de gafanhotos"[6]. Devido ao enorme número de romeiros, o Papa decretou que o tempo máximo para permanência em Roma seria de 5 dias. Além da logística em si, esta foi também uma medida profilática, pois a peste voltava a assolar

[6] Cf. COELHO, 2008, p. 46.

a cidade e também o caminho por onde os peregrinos passaram. Todavia, mesmo com o risco da peste, os peregrinos começaram a chegar ainda em maior número, a partir do outono. Fato que levou Nicolau V a declarar que bastaria apenas a estadia de um dia em Roma para se obter a indulgência.

Giovanni Rucellai de Viterbo assim registrou os eventos: mesmo assim não bastava. Todos os domingos, Roma ficava vazia, porque as pessoas partiam; no sábado seguinte, ficava de novo cheia, a ponto de não caber mais ninguém. Quando se ia a São Pedro, não se podia caminhar pelas estradas por causa da gente, o mesmo acontecendo em São Paulo, completamente cheio, em São João, cheio, em Santa Maria, cheio, em Roma, cheio, de modo que não se podia andar. E, quando o Papa dava a bênção, a Praça de São Pedro, o monte de Nero e as vinhas ficavam cheias... Isso durou até o Natal. E os literatos? De manhã iam a cavalo visitar as igrejas e à tarde iam a cavalo visitar os monumentos e as ruínas"[7]. Não faltou nos relatos o trágico episódio da queda da ponte que ligava o caminho ao Castelo de Sant'Angelo, já se aproximando do fim das celebrações jubilares, em 19 de dezembro de 1450, causado por um cavalo assustado, que ainda arrastou 172 pessoas.

Marco importantíssimo do Jubileu de 1450 foi a introdução de celebrações importantes para a Igreja, como a canonização de santos. O primeiro a ser contemplado com a canonização em Ano Jubilar foi o Frei Franciscano Bernardino de Siena (1380-1444), em 25 de maio de 1450, seis anos após sua morte. Em vida, Bernardino foi pregador itinerante incansável, além de es-

[7] COELHO, 2008, p. 46-47.

critor de obras de espiritualidade, de direito canônico e ética econômica. Marca do êxito de suas pregações foi a propagação da devoção ao Santíssimo Nome de Jesus, como forma de apaziguar as cidades italianas e acabar com as divisões partidárias e faccionais.

## Jubileu de 1475

Papa Paulo II (1467-1471), pela bula *Ineffabilis providentia*, promulgou, em 19 de abril de 1470, que os Anos Jubilares deveriam ser celebrados a cada 25 anos, para que todas as gerações pudessem participar de pelo menos um e, com isso, usufruir de seus benefícios. Porém o Jubileu foi celebrado no pontificado de Sisto IV (1471-1484), que o proclamou pela bula *Salvator noster Dei Filius*.

Sisto IV deu prosseguimento aos trabalhos de modificação e embelezamento da cidade de Roma, inclusive com a construção de novas estradas e reformas de antigas pontes. Digno de nota foi a construção da Capela Sistina (1473-1481); todavia é preciso ressaltar que a arte-sacra do interior, executada por Michelangelo, ocorreu apenas no século XVI (1508-1512), no pontificado de Júlio II (1503-1513).

O número de peregrinos a Roma não foi grande. Parte disso se deveu à novidade introduzida por Sisto IV: a nomeação de outras igrejas em outras cidades como também igrejas jubilares, nas quais os peregrinos poderiam também obter indulgência. As primeiras igrejas a receberem esse privilégio estavam localizadas na cidade italiana de Bolonha. Esse local foi escolhido para facilitar a vida dos peregrinos que tinham de atravessar os Alpes, pois, vindos de locais fora da Península Itálica. Posteriormente, outras igrejas em outros locais também receberam o título provisório de igrejas jubilares.

## Jubileu de 1500

Com a bula *Inter curas multíplices*, papa Alexandre VI (1492-1503) proclamou o Ano Jubilar de 1500, em 22 de dezembro de 1499, conservando e seguindo a norma temporal dos 25 anos de intervalo entre os jubileus. Uma das formas práticas da preparação de Roma para receber os peregrinos foi a determinação pontifícia da abertura de nova rua, que desse acesso à Praça de São Pedro, chamada de Borgo Novo.

Houve grande afluxo de peregrinos a Roma, pois Alexandre VI fez especial convocação para que os fiéis tivessem o real propósito de reformarem sua vida, além de estabelecer critérios detalhados para a obtenção da indulgência. Chamou a atenção que o próprio Papa fosse um modelo de reforma dos costumes. A péssima fama de Rodrigo Bórgia, seu nome antes do pontificado, não se demonstrou quando eleito Papa. Alexandre VI visitou pessoalmente todas as Basílicas de Roma durante o Jubileu.

Marca importante do Jubileu de 1500 foi a ritualização da abertura e o fechamento da Porta Santa. Como disse anteriormente, não há certeza se o símbolo da porta era já uma prática jubilar. Todavia, a partir de 1500, isso está bem registrado. De qualquer forma, mesmo que já houvesse a Porta Santa, foi com Alexandre VI que o rito foi criado. Na noite do Natal de 1499, o Papa derrubou o muro que lacrava a Porta Santa da Basílica de São Pedro; cardeais delegados pelo Papa derrubaram os muros nas outras três Basílicas romanas. No Natal de 1500, encerrando o Jubileu, o Papa dava início à reconstrução do muro da Porta Santa, da Basílica de São Pedro; da mesma forma, cardeais que foram designados pelo Papa fizeram o mesmo nas outras três Basílicas.

## Jubileu de 1525

O contexto de celebração do Ano Santo de 1525 foi bastante complexo e, assim, não foi um Jubileu que marcou a vida da Igreja. O fato é que esse foi o primeiro Jubileu proclamado, após as dificuldades trazidas no seio da Cristandade Ocidental, com os questionamentos de Martinho Lutero (1517) e a consequente *Reforma Protestante*, que gerou grande conflito no Império Germânico. Além disso, Espanha e França estavam em guerra. Dentro da Igreja, havia um inconformismo muito grande com o trato das coisas, sobretudo com a procrastinação do Papa em convocar um concílio ecumênico.

De qualquer forma, sob o Pontificado de Clemente VII (1523-1534), foi proclamado o Jubileu de 1525, pela bula *Inter sollecitudines*.

## Jubileu de 1550

O pontificado de Paulo III (1534-1549) foi profundamente positivo para a Igreja, pois convocou o Concílio de Trento (1545-1563), ocorrido em três momentos históricos distintos. O Jubileu de 1550 ocorreria em seu governo da Igreja, porém a morte repentina em 10 de novembro de 1549, tirou-lhe esse direito. Assim, coube a seu sucessor, Júlio III (1550-1555), eleito em um conclave, que durou dois meses, preparar e convocar o Ano Santo.

Embora sem muito tempo, pois eleito Papa em 7 de fevereiro de 1550, ainda no mesmo mês publicou a bula *Si pastores ovium*, convocando o Ano Jubilar, e já procedeu ao início dele, com o rito da Abertura da Porta Santa.

Mesmo não tendo contado com um grande número de peregrinos, o Jubileu de 1550 foi muito significativo, no que tange à organização da acolhida dos romeiros. Por exemplo, essa tarefa contou com a presença de Filipe Néri (1515-1595), futuramente seria canonizado (1622). Juntamente com a boa acolhida dos romeiros nos *hospitais*, houve também o congelamento dos preços de hospedagens, desde 1549, para que, no correr de 1550, os peregrinos não sofressem exploração por parte dos romanos. Essa foi a primeira vez que a Santa Sé interveio no setor comercial de Roma, no Ano Jubilar. Seguramente, era uma resposta às críticas luteranas sobre o trato com o dinheiro. A atitude foi positiva, pois, não desconsiderando as questões materiais necessárias, em todas as épocas e todas as religiões, houve uma busca por maior espiritualização do Jubileu.

## Jubileu de 1575

Sob o pontificado de Gregório XIII (1572-1585), foi celebrado o Ano Santo de 1575. Papa Gregório XIII teve como marca de seu pontificado o grande valor à educação e promoveu o avanço educacional incentivando

Ordens religiosas, como os jesuítas, na construção de escolas nas mais diversas partes do mundo. Homem voltado para os estudos e o gosto pelo conhecimento, teve seu nome gravado na História e no quotidiano da vida comum, com seus estudos e a reforma do calendário. O mundo moderno adotou o Calendário Gregoriano em 1582.

Com a bula *Dominus ac redentor*, publicada em 20 de maio de 1574 e republicada, solenemente, no dia 19 de dezembro, do mesmo ano, proclamou o Ano Jubilar de 1575. De fato, devido a seus estudos e sua organização pessoal e institucional, Gregório XIII já vinha preparando o Ano Jubilar, desde que foi eleito Papa. Suas ações prévias visaram à paz entre os Estados Modernos, sobretudo entre Espanha e Portugal, investimento na segurança pública da cidade de Roma, reordenamento interno da cidade e busca do controle dos preços. Para a acolhida dos peregrinos, houve grande incentivo às confrarias leigas e religiosas, na multiplicação e adequações dos *hospitais*. Filipe Néri, já experiente do jubileu anterior, fundou a Confraria da *Trinitá dei Pellegrini*, a mais destacada entre outras tantas, que muito bem fizeram para a boa acolhida dos muitos peregrinos que acorreram a Roma, para o Ano Jubilar. Houve, inclusive, devido à grande organização de todos os setores romanos, hospedagem gratuita para os pobres. Destaque também para as hospedagens de acordo com as nacionalidades, o que facilitou muito a estadia dos peregrinos estrangeiros em Roma.

O mesmo Filipe Néri, clérigo afamado e com fama de santidade, de Roma, instituiu prática devocional, que encontrou grande acolhida por parte dos romanos e também dos peregrinos, a peregrinação às sete igrejas: as quatro Basílicas Maiores (São Pedro, São Paulo, Santa Maria e São João do Latrão) e as outras três basílicas romanas, Basílica de Santa Cruz "em Jerusalém", Basílica de São Lourenço extramuros e Basílica de São Sebastião extramuros.

Na abertura da Porta Santa, em 24 de dezembro de 1575, Gregório XIII exortou vivamente que os cardeais fossem exemplos vivos de fé e devoção para os romeiros. Enfim, o Ano Santo foi um verdadeiro sucesso em organização, presença de peregrinos e bens gerados para a cidade de Roma, sem a exploração dos romeiros.

## Jubileu de 1600

O Ano Jubilar de 1600 foi proclamado pelo papa Clemente VIII (1592-1605), com a bula *Annus Domini placabilis*. Para a boa realização do Jubileu, o Papa constituiu duas comissões, que se incumbiram de assuntos importantes e distintos: uma para os assuntos litúrgico-espirituais, outra para as questões das necessidades materiais e de ordem pública.

Esse Jubileu foi marcado pela consolidação das irmandades leigas como polos de organização, dinamismo e execução das atividades público-religiosas. Desde à "pompa e circunstância", dos cortejos e das procissões, até o protagonismo, na acolhida dos peregrinos.

Clemente VIII presidiu ao rito de abertura da Porta Santa, em 31 de dezembro de 1599. Durante o Ano Jubilar, o Papa, homem voltado para a espiritualidade, visitou, por algumas vezes, os locais de peregrinação, participou da devoção das Quarenta Horas, tomou parte na audição dos sermões, atendeu confissões dos penitentes, lavou os pés de peregrinos. Aos cardeais, proibiu o uso de vestes solenes e estravagantes.

De acordo com as fontes da época, a afluência de peregrinos a Roma, durante o Jubileu, foi grande, em torno de um milhão de pessoas, e sem o registro de transtornos.

## Jubileu de 1625

O Ano Santo de 1625 aconteceu no pontificado de Urbano VIII (1623-1644) e foi proclamado pela bula *Omnes gentes*. A forma como se deu as celebrações jubilares foi semelhante ao que houve no Jubileu de 1600, ou seja, sem grandes transtornos e com a ativa atuação das irmandades, tanto na acolhida dos peregrinos, quanto na exteriorização da fé, em pomposos e magníficos eventos públicos. Todavia a participação de peregrinos não foi muito grande.

Novidade a ser destacada no Jubileu de 1625 foi a *mundialização* desse evento particular da Igreja de Roma para a Igreja no mundo inteiro. Com a bula *Pontifícia Sollicitudo*, papa Urbano VIII abriu a possibilidade para as pessoas que não pudessem ir até Roma, de modo particular prisioneiros, religiosos de clausura e enfermos, também pudessem ganhar as indulgências. Outra novidade importante foi a possibilidade de se receber em Roma a indulgência, sempre e quando o peregrino cumprisse os requisitos para sua aquisição.

O Jubileu de 1625 confirmou e proclamou a santidade da rainha Isabel de Portugal (1271-1336) com sua canonização.

## Jubileu de 1650

Sob o pontificado de Inocêncio X (1644-1655), foi proclamado o Jubileu de 1650, pela bula *Appropinquat dilectissimi Filii*. O ritmo das celebrações foi basicamente o já descrito nos dois jubileus precedentes do século XVII: forte organização e competição entre as irmandades. Também o número de peregrinos não foi muito elevado.

Ponto de destaque é que o Jubileu de 1650 estendeu ainda mais o entendimento da *mundialização* jubilar do Ano Santo de 1625. Dessa vez, também algumas áreas do globo terrestre, caracterizadas como *missão*, receberam o privilégio de distribuir as indulgências.

## Jubileu de 1675

Papa Clemente X (1670-1676) proclamou o Ano Santo de 1675, com a bula *Ad Apostolicae vocis oraculum*. De forma geral, o Jubileu aconteceu também como o histórico de todo o século XVII, porém o Papa pediu ainda mais pompa aos eventos públicos. Diferentemente de outros pontífices, o já idoso Clemente X não participou dos momentos de devoção e espiritualidade junto ao povo.

Se por um lado, houve o vácuo da não participação papal dos eventos jubilares, por outro, o Jubileu de 1675 ganhou uma presença de peso, Cristina da Suécia (1626-1689), ex-rainha da Suécia (1632-1654). Após abdicar o trono sueco e se colocar em fuga, acabou se convertendo ao Catolicismo, em sua passagem pela Bélgica. A partir disso, pôs-se a caminho para Roma, local onde foi bem acolhida pelo papa Alexandre VII (1655-1667), em dezembro de 1655. Em Roma, passou toda a sua vida residindo no Palácio Farnese. Cristina fomentou em seu entorno muitas práticas caritativas, devocionais e culturais.

Ponto a ser destacado do Jubileu de 1675 foi a inclusão, por Clemente X, do Coliseu, como local sagrado, a ser também visitado pelos peregrinos. Tal fato se deu porque o Coliseu seria um lugar em que muitos cristãos da Antiguidade teriam derramado seu sangue, por causa da fé em Cristo. Embora não seja comprovado que o coliseu tenha sido uma arena que produziu mártires cristãos, a sugestão de incluir o local como ponto de peregrinação foi benéfico para o próprio Coliseu. Desde o século XIV, pelo menos, as pedras da construção foram sendo sistematicamente removidas para construções ou reformas de outros locais, na cidade de Roma. Incluindo a arena máxima da cidade na rota da peregrinação, mesmo sem esta intenção, Clemente X contribuiu para a conservação do patrimônio, o fortalecimento das devoções populares e a preservação da memória dos santos mártires.

## Jubileu de 1700

Com a bula *Regi saeculorum*, papa Inocêncio XII (1691-1700) proclamou o Ano Jubilar, em 1699. Devido a seu frágil estado de saúde, o rito da abertura da Porta Santa foi presidido por um cardeal legado. Inocêncio XII veio a falecer em 27 de setembro de 1700; foi seu sucessor, Clemente XI (1700-1721), quem encerrou as celebrações jubilares.

As celebrações do Jubileu seguiram bem e não tiveram nenhuma intercorrência de maior vulto, a não ser a cheia do rio Trastevere, que tornou impossível a passagem pela Via Ostiense. Tal fator obrigou a substituição da Basílica de São Paulo pela Basílica Menor de Santa Maria in Trastevere, como local de peregrinação.

## Jubileu de 1725

O Ano Santo de 1725 aconteceu no pontificado de Bento XIII (1724-1730). Clérigo pertencente à Ordem dos Pregadores, Dominicanos, Bento XIII continuou o ritmo de vida austero e piedoso de antes de sua eleição pontifícia. Convocou o Jubileu com a bula *Redemptor et Dominus noster*. Aproveitou as celebrações para também convocar o Sínodo de Roma.

Esse Ano Jubilar contou com aumento significativo de peregrinos rumo a Roma e também com a presença do Papa, nas atividades de piedade popular. O Cardeal Sergardi, prefeito e ecônomo da Fábrica da Basílica Vaticana, atesta o seguinte, em carta de 1 de dezembro de 1725: "Foi tal a multidão de gente para ganhar o Jubileu que aconteceram muitos inconvenientes, e, entre outras coisas, foi derrubada por terra a grande balaustrada de mármore na Capela de Sacramento, o que eu não acreditaria, se não tivesse ido na manhã seguinte a avaliar o prejuízo que comporta à fábrica centenas de escudos"[8].

Fato marcante foi a solene canonização de 16 novos santos da Igreja, em uma única cerimônia, ocorrida na sequência do Jubileu, ou seja, em 1726. Entre os nomes mais conhecidos dos canonizados estão: São João da Cruz (1542-1591), São Luís Gonzaga (1568-1591), São

[8] COELHO, 2008, p. 83.

Estanislau Kostka (1550-1568), São João Nepomuceno (1340-1393), Santa Margarida de Cortona (1247-1297) e o São Gregório VII (1020-1085), Papa que governou a Igreja de 1073 a 1085.

## Jubileu de 1750

Sob o pontificado de Bento XIV (1740-1758), foi proclamado o Ano Santo de 1750, com a bula *Peregrinantes a Domino*. Em pleno século XVIII, auge do pensamento iluminista e o crescente sentimento anticlerical dos governos absolutistas europeus, vale a pena uma pequena descrição da personalidade e das medidas tomadas por Bento XIV, no governo da Igreja.

De caráter pacífico e com inteligência aguçada, Bento XIV conduziu um pontificado prático e eficaz em suas decisões. Homem de excelente formação teológica e em Direito Canônico[9], preocupou-se com a formação do clero, em geral, e promoveu o estudo das Ciências Naturais, fundando a Academia de Antiguidades Romanas e Cristãs, a Academia de Anatomia e Arte, a Academia de Direito Canônico, a Academia de Liturgia e a Academia de História Eclesiástica.

Para o bom êxito do Jubileu de 1750, Bento XIV promoveu forte política externa, exortando os mais diversos governantes a facilitarem a circulação dos peregrinos, sejam os que partiriam de seus países, sejam os estrangeiros que passariam por seus territórios para chegarem a Roma. Aos bispos, pediu-lhes para que cui-

[9] Nesses campos do saber e da vida Igreja, Bento XIV promoveu algumas reformas: estabeleceu normas para o casamento entre católicos e não católicos, simplificou o Breviário, reformou o Martirológico e o índice dos livros proibidos (*Index*) e reorganizou os Processos de Beatificação e Canonização dos Santos (COELHO, 2008, p. 86).

dassem da organização de suas Igrejas. Aos padres e confessores, foi determinado que preparassem bem os fiéis e os peregrinos para as celebrações do Ano Jubilar.

No que toca à organização dos *bens sagrados* a serem buscados no Jubileu, Bento XIV determinou normas que ainda estão em prática. As regras canônico-litúrgicas para se conseguir as indulgências são as seguintes: a confissão, a comunhão, a visita às Basílicas Maiores de Roma e as preces em intenção do Papa.

Marca também permanente do Jubileu de 1750 deriva-se das pregações e atuação do Frei Franciscano Leonardo de Porto Maurício (1676-1751), canonizado em 29 de junho de 1867, por Pio IX. Devoto e propagador da Via-Sacra, o piedoso franciscano conduziu as orações da Via-Sacra durante o Jubileu, nas 14 estações que Bento XIV havia mandado edificar ao redor da arena do Coliseu, em 1744, em vistas do Jubileu. Embora uma iniciativa criativa de sucesso, durante o Ano Santo, após as celebrações da Via-Sacra, no Coliseu, aos poucos, essa prática foi sendo abandonada, devido ao péssimo estado das estruturas da antiga arena romana. As estações, contudo, permaneceram no Coliseu até meados do século XIX, momento em que o anfiteatro passou por vários processos de restauração. A partir de Paulo VI (1963-1978), a Via-Sacra no Coliseu foi retomada na primeira Sexta-feira Santa de seu pontificado, 27 de março de 1964. Desde então, os papas têm dado seguimento a essa piedosa devoção, nas noites das Sextas-feiras Santas.

Finalmente, um dado sobre a afluência de peregrinos no Jubileu de 1750: foi enorme! Tanto que causou apreciações negativas por parte dos filósofos iluministas e contrários à Igreja e o fomento das práticas devocionais populares, vistas como meras superstições. É emblemática a fala áspera do filósofo francês Voltaire: "Mais um jubileu e é o fim da filosofia!"

## Jubileu de 1775

Papa Clemente XIV (1769-1774) proclamou o Ano Santo de 1775, com a bula *Salutis nostrae autor*. Todavia, não chegou a abrir as celebrações jubilares, porque veio a falecer em 22 de setembro de 1774. Com sua morte, seguiu-se um longo conclave, que durou mais de quatro meses e elegeu seu sucessor, Pio VI (1775-1799).

Após sua eleição, em 15 de fevereiro de 1775, Pio VI, adepto das pompas litúrgicas, não perdeu tempo e teve como primeiro ato de seu pontificado a abertura do Jubileu, ainda em fevereiro de 1775.

Apesar das muitas dificuldades geopolíticas do último quartel do século XVIII e das pesadas críticas à religião, sobretudo ao catolicismo, vindas do pensamento filosófico iluminista, o Jubileu de 1775 foi um grande sucesso, no alto movimento de peregrinos, rumo a Roma.

## 1800: tempo jubilar que não viu Jubileu

Os eventos da Revolução Francesa (1789) foram devastadores para o estado das coisas, na Europa de fins do século XVIII e princípios do XIX. A Igreja particularmente foi alvo preferencial dos revolucionários. A Igreja da França foi vilipendiada, e muitos clérigos e religiosos condenados à morte. Papa Pio VI (1775-1799) condenou o movimento revolucionário desde o início e não reconhecia os valores democráticos nascidos em solo francês. Embora os conflitos bélicos em escala internacional já estivessem abertos, os Estados Pontifícios e Roma ainda não sofriam essas mazelas. Tal situação mudou quando Napoleão Bonaparte assumiu a liderança do exército francês (1796) e focou as batalhas também em território italiano, primeiramente, combatendo o Império Austríaco e depois focando nos Estados Pontifícios. Diante do poderio militar, francês Pio VI tentou negociar a paz, entregando boas parcelas territoriais dos Estados Pontifícios. Não obstante muitas tentativas de paz, Roma foi invadida pelas tropas francesas, em 2 de fevereiro de 1797; no dia 15 de fevereiro, partidários franceses, que residiam em Roma, entregaram a cidade, em total apoio francês, decretando o fim do poder temporal do Papa e declarando a *República Romana Jacobina*. No dia 20 de fevereiro, iniciou-se o exílio do Papa, que terminou na cidade francesa de Valence, com sua morte, em 29 de agosto de 1799[10].

Embora octogenário e com os riscos da fuga de Roma e posterior exílio na França, Pio VI conseguiu ter lucidez para preparar o conclave para eleição de seu sucessor. De forma prática, em 1798, ele mudou as regras eleitorais, de modo que um terço simples dos votos dos cardeais presentes fosse a quantidade suficiente para a eleição do próximo Papa. Além disso, simplificou bastante toda a ritualística. Para a celebração do conclave, o local escolhido seria alguma cidade do Vêneto, pois, fazia parte do Império Austríaco[11].

[10] Cf. MARTINA, 2005, p. 17-18.

[11] Cf. MARTINA, 2005, p. 18.

O conclave de 1799 teve início em 1 de dezembro e foi realizado em Veneza, no mosteiro beneditino de São Jorge. A eleição durou três meses e meio. Em 14 de março de 1800, foi eleito o cardeal Barnaba Chiaramonti, bispo de Ímola, que tomou o nome de Pio VII (1800-1823). Nesse meio-tempo, Napoleão Bonaparte, vitorioso no Egito, havia também assumido o controle do Governo de França, com o Golpe do 18 de Brumário (18 de novembro de 1799). Napoleão percebeu que seria infértil para o controle dos territórios italianos um conflito com o papado e fez uma proposta de conciliação. A concordata entre Roma e Napoleão aconteceu em Paris, de novembro de 1800 a julho de 1801[12]. Nesse ínterim, papa Pio VII conseguiu fazer o retorno do papado para Roma, chegando lá em 3 de julho de 1800 e sendo recebido com júbilo pelo povo[13].

Diante do dramático cenário bélico europeu e das consequências para a vida da Igreja, foi impossível qualquer tentativa de organização de um Jubileu, em 1800, diante de tanta dor, miséria e morte.

## Jubileu de 1825

O contexto europeu dos anos 20 do século XIX continuava bastante complicado. Seja por conspirações dos governos liberais, seja pela dificuldade persecutória da maçonaria aos católicos, o ambiente religioso também não era dos melhores, no Velho Continente, pois buscava-se mesmo o estrangulamento da força e da influência da Igreja no mundo. Justamente por isso,

[12] Cf. MARTINA, 2005, p. 19.
[13] Cf. COELHO, 2008, p. 91.

o Papa foi aconselhado a não proclamar o Ano Santo de 1825.

Não obstante essa dura realidade para a Igreja, papa Leão XII (1823-1829) proclamou o Ano Santo, com a bula *Quod hoc ineunte saeculo*, no dia 27 de maio de 1824, Festa da Ascensão. Seus objetivos declarados eram evidentes: o afastamento dos poderes arbitrários da maldade e o prosseguimento da vivência da verdadeira liberdade dos cristãos[14].

Apesar do clima contrário à celebração do Jubileu, tudo correu bem e houve boa participação de peregrinos de todas as camadas sociais. A presença de Leão XII, entre os peregrinos e participando dos eventos jubilares, foi bastante marcante: vestes simples, piedade transparecida, em sua contrição, e caminhando com os pés descalços.

Entre os muitos peregrinos, é importante ressaltar a presença do jovem Nicholas Patrick Wieseman (1802-1865), de família irlandesa. Mais tarde, Wieseman, na função de cardeal, contribuiu sobremaneira para a restauração do Catolicismo na Inglaterra. Talvez sua obra mais conhecida seja o romance *A Fabíola*, escrito em 1854. Tendo vivenciado o Jubileu de 1825, mais tarde ele deixou a memória das celebrações jubilares registrada: "Queria que vissem os confessionários rodeados de penitentes e as multidões acumulando-se junto dos altares. Queria que contemplassem os penitentes, sinceramente convertidos, a restituir os bens mal adquiridos..."[15].

---

[14] Cf. COELHO, 2008, p. 96.
[15] COELHO, 2008, p. 96.

## 1850 e 1875: tempos jubilares que não viram Jubileus

O pontificado de Pio IX (1846-1878) coincidiu com o período mais turbulento do já caótico século XIX. A Igreja foi uma das instituições que mais sofreu na instável e perigosa política europeia daquele período.

Com mais de 32 anos à frente do governo da Igreja, Pio IX teria a ocasião de proclamar a vivência de dois Anos Jubilares. Isso pelo menos em tese. Afinal, seu pontificado cobriu os intervalos jubilares de 1850 e 1875. Todavia não foi o que aconteceu.

No que diz respeito a 1850, Pio IX acabava de regressar de seu exílio em Gaeta, sul da Itália, território do Reino de Nápoles. Acontece que, no fim de abril de 1848, estourou nova revolução em Roma. Com o espírito marcado pelo liberalismo e também movidos pelo rancor da maçonaria, os revolucionários fizeram uma campanha difamatória contra a Igreja e o Papa, afixando por Roma vários cartazes com dizeres maledicentes, por exemplo "Morra Cristo e viva Barrabás!"[16] Passo seguinte e com os ânimos bastante acirrados, as milícias revolucionárias atacaram e ocuparam a residência papal, o Palácio Quirinal. Carregados de excessos, apontaram as artilharias para a construção e dispararam contra ela. Com a rendição da Guarda Suíça, houve quem quisesse atear fogo ao Palácio, mas, pelo menos, isso não ocorreu. Sob forte ameaça dos revolucionários e mesmo da população romana, Pio IX saiu da cidade vestindo apenas uma simples batina presbiteral e desprovido das insígnias pontifícias. Seu exílio em Gaeta

[16] COELHO, 2008, p. 100.

teve início em 24 de novembro de 1848 e terminou apenas em 12 de abril de 1850, quando as tropas francesas liberaram a cidade de Roma do poder dos revolucionários e o Papa pôde retornar.

Recém-regressado a Roma, com o ano de 1850 em quarto mês, Pio IX não teve condições, mesmo que o desejasse, de proclamar o Jubileu. Ademais, o ambiente continental, e também na Península Itálica, não era dos mais favoráveis para uma celebração religiosa de grande porte e em âmbito internacional. Entretanto, para marcar a data do Ano Jubilar, Pio IX concedeu a todos os católicos do mundo a possibilidade de receberem a indulgência *in forma Iubilaei*. Evidentemente, não foi um Jubileu, nem o privilégio foi dado por longo tempo. Em primeiro lugar, a indulgência foi concedida para os fiéis de Roma, de 2 a 25 de julho. Apenas, em 1851, é que essa possibilidade foi estendida a todo o mundo católico.

Não obstante a retomada de seu lugar em Roma e no governo dos Estados Pontifícios, a situação sociopolítica do século XIX italiano caminhava para um desfecho doloroso, para Pio IX. Por esse idos, com o avanço da mentalidade de uma nação italiana unificada, cresceu sobremaneira a ideia de que o Papa deveria renunciar o poder temporal. "O Papa e o congresso", uma obra inspirada por Napoleão III de França (1808-1873), bem intencionada e mal recebida por Pio IX, dizia que "quanto menor for o território, maior será o soberano"[17]. As províncias do centro-norte italiano, já unidas sob esse viés, foram reforçadas, em maio de 1860, quando, partindo da Sicília, Garibaldi liderou a

[17] Cf. MARTINA, 2005, p. 223.

invasão ao Reino de Nápoles e, aos poucos, marchou sobre os Estados Pontifícios. Ambos os territórios foram conquistados. Em fins do ano de 1860, restava ao papa Pio IX apenas o controle de Roma e uma parte da região do Lácio, circunscrita de Viterbo a Frosinone. Em 17 de março de 1861, houve a proclamação do Reino da Itália[18]. É importante que o leitor esteja bastante atento ao contexto em questão, pois as pessoas envolvidas no processo de unificação da Península Itálica, transformando-a em um país de fato, não eram contra a Igreja. O que estava em jogo era a questão do poder temporal do Papa. Do ponto de vista dos *revolucionários*, caso o Papa abrisse mão dos poderes temporais, isso seria um grande benefício para a Igreja, pois experimentaria um poder até então inaudito: não existir nas várias terras sob os arranjos de concordatas políticas, mas pela força da religião, isto é, pela adesão voluntária à fé. No fim das contas, o que estava em jogo não era uma questão *religiosa*, mas política. Evidentemente que Pio IX não tinha condições de aceitar de bom grado o estado de mudanças tão drástico que se apresentava, afinal, ele herdara a mentalidade e prática de que o Papa também era um chefe de Estado.

De 1861 a 1870, a situação italiana se resolveria de uma vez por todas. Napoleão III de França, para não perder os votos católicos em seu governo, havia firmado o compromisso de apoiar com tropas a defesa e manutenção dos territórios, sob domínio papal; todavia, em seu íntimo, era favorável à causa italiana. Em 15 de setembro de 1864, entretanto, Napoleão III viu-se libertado desse fardo, pois, na Convenção para tratativa

[18] Cf. MARTINA, 2005, p. 223-224.

desse assunto, que reuniu membro do Reino da Itália, dos Estados Pontifícios e da França, os representantes da unificação italiana declararam que não atacariam as terras pertencentes ao Papa; com isso as tropas francesas foram retiradas. A retirada das tropas ocorreu no início de 1867, contudo, foram enviadas novamente em outubro do mesmo ano; para fazerem as defesas do Papa; devido aos ataques promovidos por Garibaldi e apoiados secretamente pelo governo italiano[19].

No mês de julho de 1870, ocorreu o evento que favoreceu definitivamente a causa da unificação italiana: a guerra entre França e Prússia fez com que as tropas francesas deixassem, de uma vez por todas, a Península Itálica. Com isso, a pressão para a recusa do poder temporal do Papa foi aumentada, todavia, Pio IX recusou isso e também a possibilidade da ocupação pacífica da cidade de Roma, pelas tropas italianas. A partir desse episódio, em 20 de setembro de 1870, o exército italiano venceu as frágeis defesas pontifícias, que ainda restavam e conquistaram Roma. Em maio de 1871, o Parlamento italiano aprovou a *lei das garantias*, forma de apaziguar a situação entre as tendências jurisdicionalista e separatista. Na verdade, "partindo do pressuposto da total extinção do Estado pontifício, a lei concedia ao Papa, implicitamente considerado um súdito italiano, honras de soberano, uma dotação anual e o direito de legação ativa e passiva, mas não garantia plena liberdade à Igreja, mantendo o *exequatur* para a destinação dos bens eclesiásticos [...], que limitavam fortemente o direito de propriedade das ordens religio-

[19] Cf. MARTINA, 2005, p. 224.

sas e das entidades eclesiásticas"[20]. Pio IX não aceitou o estado das coisas e, encerrado no Palácio Quirinal, desde os eventos de 1870, declarou nulas as leis civis e não aceitou a pensão oferecida, não tendo mudado de postura, até sua morte, em 7 de fevereiro de 1878.

Do narrado até aqui, não é preciso maior argumentação para se imaginar como foi o pontificado de Pio IX, nos assuntos eclesiásticos, na década de 70 dos anos 1800. Basicamente, nada progrediu. O Concílio Vaticano I (1869-1870) foi paralisado devido à invasão de Roma; em 1875, ano que deveria contemplar a celebração do Jubileu, não houve Ano Jubilar, pois Pio IX julgou não usufruir da liberdade necessária para tal evento, assim também como não reunia mínimas condições para presidir os atos penitenciais. Todavia, para não quebrar a tradição dos 25 anos, entre os jubileus, Pio IX concedeu, simultaneamente, a indulgência jubilar para a Igreja de Roma e para o mundo inteiro. Dessa forma, os fiéis do mundo inteiro puderam obter a indulgência jubilar em suas dioceses, sem a necessidade de peregrinarem até Roma.

## Jubileu de 1900

Com a organização do papado transformada para sempre e de forma radical, após a interrupção da celebração do Jubileu, desde 1825, a mudança do século XIX para o século XX possibilitou a retomada dessa prática salutar a toda a Igreja. Sob o pontificado de Leão XIII (1878-1903), no dia 11 de maio de 1899, foi publicada a bula *Properante ad exitum saeculo*, que pro-

[20] MARTINA, 2005, p. 225.

clamava o Ano Santo de 1900. O já idoso Leão XIII recordava-se com muito carinho do Jubileu de 1825, do qual ele havia participado na qualidade de peregrino e como padre jovem, levando seu nome de batismo, Joaquim Pecci. Legou à História sua impressão do Ano Santo de 1825: "Parece-nos estar ainda a ver a grande afluência de peregrinos, a multidão indo processionalmente de santuário em santuário, os mais célebres da Cidade Eterna ressoando de divinos louvores, e o soberano pontífice com seu cortejo de cardeais, dando aos olhos de todos o exemplo de piedade e de caridade"[21].

Interessante notar que também o rei da Itália e também as duas Câmaras parlamentares demonstraram grande interesse na celebração do Jubileu de 1900. Os poderes civis se empenharam por uma celebração digna. Para tal, comprometeram-se a não criarem obstáculos para a organização do Jubileu, a cargo de uma Comissão nomeada por Leão XIII, e tudo facilitarem para o bom êxito do evento cristão.

No dia 24 de dezembro de 1899, aconteceu a abertura do Jubileu. Marcadas por dignidade e solenidade, as celebrações, entretanto, tiveram um aspecto mais privado, decorrência da perda da soberania temporal do papado e do baixo número de peregrinos, nesse início de ano jubilar. De qualquer forma, o saldo de peregrinações durante o ano foi bom, cerca de trezentos e cinquenta mil fiéis. O Jubileu de 1900 já demonstrava a nova realidade do mundo: pouquíssima presença de reis e governantes, marca da mudança de espírito da contemporaneidade, enxarcada pelo secularismo e laicismo dos Estados. Todavia, houve o ponto positivo de religar a Igreja aos fiéis

[21] COELHO, 2008, p. 97.

simples do povo. Aconteceu também, em um primeiro momento por questões práticas, a reaproximação entre os poderes eclesiástico e político na Itália, afinal, precisaram planejar e executar adequadamente as celebrações de um evento internacional.

## Jubileu de 1925

Sob o pontificado de Pio XI (1922-1929) foi proclamado o Ano Santo de 1925, com a bula *Infinita Dei misericordia*. O contexto mundial era de muita dor, trauma e desesperança, afinal, os horrores da Primeira Grande Guerra Mundial (1914-1918) ainda eram sentidos por todo o globo.

Pio XI, desde que assumiu o papado, colocou como objetivo de seu ministério a promoção da paz entre as nações. Seu lema era "A paz de Cristo no Reino de Cristo". No discurso inaugural de seu pontificado, em 12 de fevereiro de 1922, já havia manifestado a intenção de celebrar o Ano Santo de 1925, como ação concreta para a paz mundial. A bula *Infinita Dei misericordia* deixava isso bem claro, em cinco pontos: 1) a conversão dos fiéis; 2) a restauração cristã da sociedade; 3) a paz entre os povos; 4) o regresso à Igreja dos que se haviam afastado; 5) a organização da situação na Terra Santa[22].

A abertura do Jubileu aconteceu no dia 21 de dezembro de 1924. Pio XI fez-se presente nas mais diversas atividades jubilares: exposição missionária, celebrações penitenciais, encontros com os peregrinos. O Ano Santo foi marcado com as muitas celebrações de beatificações e canonizações. Destacam-se as canoniza-

[22] Cf. COELHO, 2008, p. 107-108.

ções de Santa Teresinha do Menino Jesus (1873-1897), São Pedro Canísio (1521-1597), que também foi declarado Doutor da Igreja, na mesma data, Santa Madalena Sofia Barat (1779-1865), Santa Madalena Postel (1756-1846), São João Eudes (1601-1680) e São João Maria Vianney (1786-1859).

Por meio da Encíclica *Quas primas*, Pio XI instituiu a Festa de Nosso Senhor Jesus Cristo Rei, no dia 11 de dezembro de 1925. Tal fato foi bem visto pelos coetâneos, de modo a expressar a manifestação coletiva da fé.

O encerramento do Jubileu, como o Ano Santo em geral, contou com excelente presença de peregrinos italianos e estrangeiros. Note-se, contudo, a ausência de peregrinos russos, já consequência da revolução russa de 1917, que instaurou o regime socialista no país e causava certo afastamento do bloco capitalista europeu.

Outro fator importante é que a celebração do Jubileu de 1925 criou possibilidades para uma aproximação entre os governos civil e eclesiástico. É válido lembrar que o Estado do Vaticano ainda não havia sido criado, portanto, o Papa e a Cúria estavam submetidos aos humores dos governos italianos. A restauração da autonomia vaticana se daria com a Concordata entre Itália e Santa Sé, no ano de 1929. Analisando a situação política dos inícios do século XX, é inegável que os Jubileus de 1900 e 1925 contribuíram bastante para a celebração da Concordata.

## Jubileu de 1950

Passados os horrores incruentos da Segunda Grande Guerra Mundial (1939-1945), em um mundo ainda traumatizado em todos os setores possíveis, papa Pio XII (1939-1958), mesmo com a desconfiança de que não seria possível a celebração do Ano Jubilar da metade do século, já no ano de 1948, dava indícios de que o proclamaria. Para tal, constituiu uma comissão (1948) para os preparativos do Ano Santo, tanto para as demandas espirituais, quanto para as materiais, a fim de uma digna celebração.

Na Festa da Ascensão do Senhor, dia 26 de maio de 1949, Pio XII proclamou o Ano Santo pela bula *Jubilaeum maximum*. Devido ao difícil contexto da época, o Papa achou por bem declarar na bula do Jubileu os objetivos do Ano Jubilar, em vista das necessidades daquele tempo. Trata-se de um longo parágrafo, que na sequência exponho na forma de sete tópicos[23].

1. Que de Deus se implore, em primeiro lugar, que todos, rezando e fazendo penitência, expiem seus pecados e trabalhem, com todo o empenho, para reformar seus costumes e adquirir as virtudes cristãs, para que este grande Jubileu prepare com alegria um retorno de todos a Cristo;
2. em segundo lugar, devemos pedir insistentemente a Deus que a fidelidade devida ao Divino Redentor e à Igreja, por Ele fundada, seja mantida por todos com espírito inflexível e vontade enérgica;

[23] Trata-se do décimo parágrafo, do total de quinze, da bula *Jubilaem maximum*. Apresento tradução própria para o português do documento original em italiano, disponível no site do Vaticano.

3. que os direitos da Igreja sejam mantidos ilesos e intactos contra armadilhas, enganos e perseguições;
4. que todos aqueles que ainda não chegaram à luz da verdade católica e se desviaram do caminho certo, e mesmo os que odeiam e negam a Deus, iluminados pela luz celestial e curvados pela graça, sejam levados a obedecer aos preceitos do Evangelho;
5. que em toda a parte, mas especialmente na Palestina, a tranquilidade regresse o mais rapidamente possível, através de uma correta resolução dos problemas;
6. para que as diversas classes sociais, tendo extinto o ódio e reprimido a dissidência, unam-se na justiça e na concórdia fraterna;
7. finalmente, que as multidões de necessitados obtenham de seu trabalho uma vida honesta e que da generosidade e da caridade dos mais dotados de bens recebam o necessário e o oportuno socorro.

O Jubileu teve início na Véspera do Natal de 1949, como de costume, com a abertura da Porta Santa. Porém o Ano Jubilar de 1950 trouxe uma bela novidade para essa cerimônia: a inauguração da nova Porta Santa na Basílica de São Pedro, obra em bronze do escultor italiano Vico Consorti (1902-1979). Trata-se da mesma Porta Santa que permanece na Basílica até hoje, com seu funcionamento de abertura e fechamento dentro do sistema de abertura dupla, ou seja, os pivôs de sustentação estão nas extremidades laterais e, ao exercer força para abrir, a porta se divide em duas partes verticais. Fechada, forma um painel inteiriço, com uma sequência de quatro cenas bíblicas na horizontal e quatro na vertical. As esculturas da Porta são um total de 16 e apresentam cenas da misericórdia divina ao longo da História da Salvação bíblica. De cima para baixo e da direita para a esquerda, esta é a sequência: **cenas 1 e 2**: expulsão de Adão e Eva do Paraíso; **cenas 3 e 4**: Anunciação do Anjo Gabriel a Maria; **cena 5**: o Batismo de Jesus por João Batista no rio Jordão; **cena 6**: a ovelha perdida; **cena 7**: o Pai misericordioso/filho pródigo; **cena 8**: a cura do paralítico; **cena 9**: a pecadora lavando os pés de Jesus em casa de Simão; **cena 10**: o ensinamento de Jesus sobre o perdão (até 70 vezes 7); **cena 11**: o arrependimento de Pedro; **cena 12**: o bom ladrão crucificado ao lado da cruz de Jesus; **cena 13**: aparição de Jesus ressuscitado a Tomé; **cena 14**: aparição de Jesus ressuscitado aos Onze; **cena 15**: aparição de Jesus ressuscitado a São Paulo; **cena 16**: o Papa no rito da abertura da Porta Santa.

Pio XII incentivou grandemente que os fiéis tomassem o rumo de Roma como peregrinos. Para que fossem bem acolhidos os peregrinos e que pudessem aproveitar-lhes as graças do Ano Santo, o Papa concedeu aos penitenciários e confessores de Roma amplas faculdades para absolverem os pecados e as penas. Às religiosas de clausura, mulheres leigas que viviam em vida comum, e alunas de internatos ou semi-internatos, impedidas de irem a Roma, foi concedida a graça de viverem o Jubileu onde se encontravam. Posteriormente, esse privilégio também foi estendido aos anacoretas, eremitas, cartuxos e trapistas. Não parando nos religiosos, o Papa aumentou ainda mais o alcance desse privilégio: prisioneiros, deportados, internos de sistemas de correção ordinários. Aos pobres, operários, doentes e idosos, pessoas que viviam sob governos tirânicos, ou seja, classes de fiéis que não tinham condições financeiras/ de saúde/ políticas de empreender uma peregrinação até Roma, a eles também tocou o privilégio jubilar. Para conseguirem obter a indulgência jubilar fora de Roma, deveriam passar pelo sacramento da reconciliação, receber a eucaristia, rezar pelas intenções do Papa e cumprir os atos de piedade e/ ou caridade determinados pelo bispo ou pelo confessor[24].

Houve também as solenes canonizações, nesse Ano Jubilar, de Santo Antônio Maria Claret (1807-1870), Santa Bartolomea Capitanio (1807-1833), Santa Catarina Vicenza Gerosa (1784-1847), Santa Mariana de Jesús Paredes y Flores (1618-1645) e Santa Maria Goretti (1890-1902). Foi beatificado Domingos Sávio (1842-1857).

Dos grandes eventos do Ano Santo, sem sombras de dúvida, o mais solene e de maior alcance e impacto para o mundo católico foi a proclamação do Dogma da Assunção de Nossa Senhora ao Céu, ocorrido no dia 1 de novembro de 1950, com a presença de mais de 500 bispos de todo o mundo. A proclamação desse dogma mariano finalizava um inquérito, iniciado no ano de 1946, que Pio XII direcionou a todos os bispos. Perto da solene proclamação do dogma, dois congressos

---

[24] Cf. COELHO, 2008, p. 114-115.

teológicos foram celebrados em Roma e trataram de Mariologia.

Finalmente, o evento mais emocionante do Jubileu de 1950 foi divulgado pelas ondas radiofônicas. Pio XII, em sua mensagem de Natal, de 23 de dezembro de 1950, perto do fim do Ano Jubilar, anunciou ao mundo a descoberta do túmulo de São Pedro. A tradição dizia que os restos mortais do Apóstolo tinham sido depositados, no século IV, na antiga basílica constantiniana. Com o passar dos tempos e as muitas intervenções arquitetônicas, perdeu-se o local exato. Pio XII, então, iniciou grande e penoso trabalho de escavação arqueológica, na Basílica de São Pedro. As escavações tiveram início em 1939 e, apenas em 1950, houve o encontro e o reconhecimento dos restos mortais de São Pedro.

O Ano Jubilar de 1950 foi muito bem-sucedido. Milhões de peregrinos se deslocaram até Roma. Para aproveitar ainda mais os efeitos do Jubileu para um mundo em reconstrução, Pio XII proclamou a Constituição Apostólica *Per annum sacrum*, em 25 de dezembro de 1950, estendendo o Jubileu a todo o mundo e prolongando-o por todo o ano de 1951.

## Jubileu de 1975

O primeiro Ano Santo, depois do Concílio Vaticano II (1962-1965), e suas consequências para a vida da Igreja em todo o mundo, aconteceu sob o pontificado de Paulo VI (1963-1978). O Papa, que participou ativamente do Concílio, embora não o tenha convocado, assumiu com convicção as intuições de seu antecessor, papa João XXIII (1958-1963). Justamente por isso, no período de implementação das novidades e reformas brotadas do Concílio, Paulo VI perguntava-se se valia a pena ou não manter a proclamação de Jubileus na Igreja. Após profundas e maduras reflexões teológicas, o Papa resolutamente anunciou publicamente sua intenção de proclamar o Ano Santo para 1975. Esse anúncio, acolhido com alegria pelos católicos mundo afora, aconteceu na Audiência Geral, em uma quarta-feira, dia 9 de maio de 1973, portanto, com ainda bastante tempo para a preparação do Jubileu. Abaixo transcrevo partes da fala pública de Paulo VI sobre a convocação do Ano Jubilar no contexto pós-conciliar[25].

Paulo VI iniciou dizendo que a notícia que tinha para dar é de grande importância para a vida espiritual da Igreja e atrelou o Jubileu a sua história bíblica e eclesial, fazendo a memória dessa celebração na Igreja. "Hoje, queremos dar-lhes algumas notícias que acreditamos ser importantes para a vida espiritual da Igreja; e é isso. Depois de ter rezado e pensado, decidimos celebrar o Ano Santo de 1975, segundo o prazo de vinte e cinco anos fixado por nosso antecessor Paulo II, com a Bula Papal *Ineffabilis Providentia*, de 17 de abril de 1470[26]. O Ano Santo, que se chama, em linguagem canônica, Jubileu, consistiu, na tradição bíblica do Antigo Testamento, em um ano de vida pública especial, com abstenção do trabalho normal, com a restauração da distribuição original da propriedade da terra e com a remissão das dívidas em curso e a libertação dos escravos judeus (cf. Lv 25,8ss.). Na história da Igreja, como sabemos, o Jubileu

[25] O texto original está em italiano e pode ser acessado no *site* do Vaticano. A tradução é livre e feita por mim. Trago a referência completa na seção "Referências bibliográficas", ao fim.

[26] Aqui, Paulo VI equivoca-se na data da bula, em dois dias.

foi instituído por Bonifácio VIII, mas com fins puramente espirituais, em 1300; e consistiu em uma peregrinação penitencial aos túmulos dos Apóstolos Pedro e Paulo; Dante também participou, descrevendo a multidão que circulava em Roma (cf. Inf. XVIII, 28-33); depois, ao Jubileu de 1500, acrescentou-se a abertura das Portas Santas das basílicas a visitar, não só para facilitar a afluência dos penitentes, mas também para simbolizar o acesso mais fácil à misericórdia divina, com a obtenção da indulgência jubilar."

Após esse apanhado bíblico-histórico sobre o Jubileu, o Papa externou suas reflexões acerca da manutenção ou não dessa tradição eclesial. "Perguntamo-nos se tal tradição merece ser mantida em nosso tempo, tão diferente dos tempos passados, e tão condicionado, por um lado, pelo estilo religioso impresso pelo recente Concílio sobre a vida eclesial, e, por outro, pelo desinteresse prático de grande parte do mundo moderno pelas expressões rituais de outros séculos; e ficamos imediatamente convencidos de que a celebração do Ano Santo não só pode inserir-se na coerente linha espiritual do próprio Concílio, que desejamos desenvolver fielmente, mas pode muito bem corresponder e também contribuir para o esforço incansável e amoroso que a Igreja aborda as necessidades morais de nossa época, a interpretação de suas aspirações profundas e também a condescendência honesta para algumas formas de suas expressões externas favoritas."

Na sequência, papa Paulo VI apontou os objetivos principais a serem buscados e alcançados pelo Jubileu: renovação interior do ser humano e reconciliação com Deus e com a humanidade, em geral. Tendo essa perspectiva global do Ano Santo, Paulo VI confirmou a tradição das peregrinações a Roma, mas acolheu a Igreja presente no mundo inteiro e mesmo a homenageou. Como já demonstrado nas páginas anteriores, que se referiram aos outros jubileus, havia a extensão das graças jubilares para as Igrejas locais, porém sempre após o início das celebrações, em Roma. Para o Jubileu de 1975, o Papa inverteu a ordem e, em vez do Ano jubilar ter início em Roma e pelas celebrações romanas, dessa vez o Jubileu teria início nas diversas dioceses do mundo, na Festa de Pentecostes, ou seja, em 10 de junho de 1973. Na verdade, o que foi proposto e o que realmente ocorreu foi um Jubileu celebrado em duas fases. A primeira fase deu-se nas Igrejas locais, com início na Festa de Pentecostes de 1973 e término às vésperas do Natal de 1974. A segunda fase ocorreu em Roma, da Véspera do Natal de 1974 até a mesma celebração em 1975.

A fase romana do Jubileu de 1975 foi proclamada por Paulo VI pela Carta Apostólica *Apostolorum Limina*, publicada na Festa da Ascensão do Senhor, dia 23 de maio de 1974. O leitor mais atento e também mais apegado aos símbolos da tradição deve ter notado não apenas a inovação de duas fases celebrativas do Jubileu, mas, inclusive, a ausência de uma bula proclamando o Ano Jubilar. A Carta Apostólica retomou muitas ideias da Audiência geral de 1973 e aprofundou muitas outras noções e outros conceitos do Jubileu na História e também do desejado a ser vivido, em 1975. Paulo VI insiste no tema que ele deu para o Ano jubilar em questão: renovação e reconciliação.

Eventos religiosos de grande impacto ocorreram durante o Ano Santo. O Dia Mundial da Paz, 1 de janeiro de 1975, foi celebrado com dignidade, na presença de dez mil pequenos cantores, das mais diversas nacionalidades, os quais foram convidados a anunciar o Jubileu. No dia 6 de janeiro, Paulo VI entregou o Crucifixo a 600 missionários. Em 7 de fevereiro, foi inaugurada uma exposição histórico-cultural dos Jubileus na História da Igreja, de 1300 a 1975. Houve seis canonizações e treze beatificações; vinte e um catecúmenos foram batizados; treze casais celebraram o sacramento do matrimônio; trezentos e cinquenta diáconos, oriundos de quarenta nove países, foram ordenados. Todos esses eventos foram presididos pelo papa Paulo VI.

Também ocorreram ocasiões importantes do ponto vista político-social. O Papa se encontrou com o Secretário da ONU (Organização das Nações Unidas) e com um grupo de representantes do xintoísmo[27]. Paulo VI recebeu pessoalmente, em agosto de 1975, um grupo de dois mil nômades que peregrinaram até Roma; no mês de setembro, recebeu os representantes da XI Assembleia Geral da União Feminina Europeia - 1975 foi o ano em que a ONU dedicou à mulher; em outubro, acolheu duzentos padres que sobreviveram ao campo de concentração de Dachau[28].

---

[27] Religião ancestral dos nativos do Japão.

[28] Dachau é uma cidade alemã, situada a cerca de 16 km de Munique. O local foi escolhido para acolher o primeiro campo de concentração do governo Nacional Socialista alemão, em março de 1933. Inicialmente, a prisão era destino de presos políticos, ou seja, para pessoas que tivessem ideologias contrárias às do governo, sobretudo comunistas e democratas-sociais. Com o passar do tempo, foram enviados para lá testemunhas de jeová, ciganos, homossexuais masculinos, pessoas consideradas "antissociais" e criminosos contumazes. Em seus primeiros anos, poucos judeus foram enviados para Dachau. Situação que se transformou drasticamente, a partir de 1938, quando cerca de 11.000 homens judeus foram aprisionados lá. O campo de concentração de Dachau foi o mais longevo da história, tendo funcionado de 1933 a 1945. (Informações retiradas da Enciclopédia do Holocausto, referência nas "Referências bibliográficas".)

Para além da agenda pontifícia, durante o Jubileu aconteceu em Roma, no mês de maio, o VII Congresso Internacional de Mariologia, no qual, subordinado ao tema "humanismo renovado", a Academia Internacional de Propaganda Cultural organizou um congresso que contou com a presença de pessoas do Leste Europeu.

Levando muito a sério o tema jubilar "renovação e reconciliação", Paulo VI, na celebração da abolição da excomunhão de 1054, inclinou-se e beijou os pés de Melitão da Calcedônia, chefe da delegação ortodoxa. Sem dúvidas de que a atitude de Paulo VI e o espírito do Ano jubilar contribuíram muitíssimo para a reaproximação espiritual entre católicos e ortodoxos, que, no período, viviam as tensões internacionais da divisão entre bloco capitalista e bloco comunista. Para além dos ortodoxos, o Jubileu reuniu em Roma, em diferentes momentos, cristãos não católicos de várias denominações e também não cristãos. De fato, o Jubileu proporcionou uma possibilidade para o diálogo ecumênico e também inter-religioso.

Sem sombra de dúvidas, o Jubileu de 1975 foi o de maior participação até então. Além dos milhões de peregrinos que foram a Roma, evidentemente, contemplados pelos meios de transportes modernos e também pela recuperação econômica mundial, o Ano Jubilar marcou a consolidação dos meios de comunicação como formas de evangelização. Todas as cerimônias foram transmitidas por rádio e televisão, para todo o mundo.

O encerramento do Jubileu aconteceu na tarde do dia 24 de dezembro de 1975. Devido à multidão de fiéis presentes, a celebração eucarística, pela primeira vez, não aconteceu na Basílica de São Pedro, mas na Praça de São Pedro. Como a celebração foi transmitida para o mundo inteiro, via rádio e televisão, Paulo VI também concedeu a indulgência jubilar para quem acompanhava pelos meios de comunicação.

O símbolo que encerrou o Ano jubilar foi o acendimento de um círio, envolto por uma redoma circular de cristal, nas Catacumbas de São Calisto. A chama do círio continua alimentada e constantemente renovada, ainda no presente. O ato de Paulo VI serviu como uma constante forma de fazer memória do Jubileu de 1975 e também cumpriu a função de motivar a Igreja para a celebração do Jubileu de 2000[29].

## Grande Jubileu do Ano 2000

O aproximar do ano 2000 e não apenas o findar do século XX, mas também do segundo milênio, foi palco favorável para as mais diversas teorias, dentre elas ideias de tom milenarista sobre o fim do mundo. Também o mundo da tecnologia criava suas "quimeras", com a possibilidade do *bug do milênio* e a consequente catástrofe mundial dos mais diversos sistemas políticos, econômicos e sociais. Desde teorias mais ou menos razoáveis até os mais diversos esoterismos pululavam na mente e no coração dos seres humanos espalhados pelo planeta.

Papa João Paulo II (1978-2005), bom sabedor do espírito de seu tempo e cercado por ideologias antirreligiosas ou simplesmente pelo crescente indiferentismo

---

[29] Cf. COELHO, 2008, p. 123.

secularista quanto ao Catolicismo, sobretudo nos países mais desenvolvidos, percebeu que teria em mãos uma excelente forma de reconduzir ao caminho da fé aquelas pessoas, que há muito já tinham dela se afastado. Essa forma ou esse meio o próprio calendário é quem apresentava, ou seja, o ano 2000.

O ano 2000 naturalmente se apresentava como Ano jubilar, ao se respeitar o intervalo temporal dos 25 anos. Se Paulo VI se perguntou e muito refletiu sobre a plausibilidade e a eficácia do Jubileu para a Igreja pós-Concílio Vaticano II, João Paulo II não tinha a menor dúvida de quão benéfico um Jubileu era para a Igreja e para o mundo, até porque ele já tinha a experiência do Jubileu de 1975. Ademais, em seu pontificado, o Jubileu Extraordinário foi proclamado em 1983. Chegara a vez da celebração do Jubileu Ordinário e em um tempo privilegiado: mudança de século, mudança de milênio, mudança de época! Ótima oportunidade para concretizar ainda mais sua forma de governar a Igreja, naquilo que o próprio Papa designou como "nova evangelização" em diálogo com mundo.

Como se percebe, o Jubileu de 2000, em momento algum, foi tratado como "mais um jubileu" na História da Igreja. Muito pelo contrário, João Paulo II o valorizou tanto, que o chamou de "Grande Jubileu do Ano 2000", já na bula *Incarnationis mysterium*, publicada no Primeiro Domingo do Advento, de 1998, dia 29 de novembro. Na própria bula, o Papa justifica a qualificação "grande" ligada ao Jubileu de 2000: "Durante meu pontificado, tive a alegria de proclamar, em 1983, o Jubileu extraordinário pelos 1950 anos da redenção do gênero humano. Esse mistério, realizado na morte e ressurreição de Cristo, constitui o auge de um evento que tem seu início na encarnação do Filho de Deus. Por isso esse Jubileu pode justamente ser considerado 'grande', e a Igreja nutre o vivo desejo de acolher em seus braços todos os fiéis, para lhes oferecer a alegria da reconciliação. De toda a Igreja elevar-se-á o hino de louvor e ação de graças ao Pai, que, em seu amor incomparável, nos concedeu em Cristo a graça de sermos 'concidadãos dos santos e membros da família de Deus' (Ef 2,19). Por ocasião dessa grande festa, convidamos cordialmente a partilharem também de nossa alegria os adeptos de outras religiões e ainda todos aqueles que estão longe da fé em Deus. Como irmãos da única família humana, atravessamos juntos o limiar de um novo milênio, que exigirá o empenhamento e a responsabilidade de todos"[30].

O Jubileu do ano 2000 contou com uma bela preparação na Igreja de todo o mundo. Por meio da Carta Apostólica *Tertio Milennio Adveniente*, publicada no dia 10 de novembro de 1994, João Paulo II determinou que o Jubileu seria precedido por duas fases preparatórias. A primeira fase, nomeada de "caráter antepreparatório", e que duraria de 1994 até o ano de 1996, tinha o objetivo de "servir para reavivar no povo cristão a consciência do valor e significado que o Jubileu do ano 2000 reveste na história humana. Trazendo consigo a recordação do nascimento de Cristo, está intrinsecamente marcado por uma conotação cristológica"[31]. Já a segunda fase, chamada "preparatória" propriamente dita, duraria de 1997 até o ano de 1999, e seria marcada por um viés

[30] *Incarnationis mysterium*, 6.

[31] *Tertio Milennio Adveniente*, 31.

profundamente trinitário. O ano de 1997 seria dedicado à centralidade da pessoa de Jesus Cristo, de onde o trabalho pastoral seria o de levar os católicos às redescobertas da Bíblia e da catequese, também valorizando o Catecismo da Igreja Católica, às reflexões sobre a importância do batismo, também em sua dimensão ecumênica e sobre a maternidade de Nossa Senhora, e ao revigoramento da fé, expressa no testemunho cristão. O ano de 1998 seria dedicado à centralidade do Espírito Santo, e a Igreja seria chamada às redescobertas da presença e da ação da Terceira Pessoa da Santíssima Trindade, da importância da Unidade na vida eclesial, de Maria como dócil ao Espírito e, finalmente, a reflexão e o aprofundamento da eclesiologia do Vaticano II. O ano de 1999 seria dedicado à centralidade de Deus Pai, o que chama a Igreja à conversão pela penitência; o chamado era a vivência da caridade, confrontar o secularismo e abertura ao diálogo inter-religioso.

O Jubileu de 2000 ressaltou a tradicional trilogia dos jubileus, isto é, a peregrinação, a Porta Santa e a indulgência. Entretanto, papa João Paulo II, já na bula de proclamação jubilar, acrescentou nova trilogia: a purificação da memória e o pedido de perdão da Igreja, a memória dos mártires, inclusive os anônimos, dos difíceis tempos do século XX, e os pedidos de clemência e misericórdia pelos mais pobres, por meio do perdão das dívidas internacionais dos países pobres com os países mais ricos. Acrescentou, como atividade do Ano Jubilar, a peregrinação à Terra Santa. João Paulo II visitou os Lugares Santos de Jerusalém, de 20 a 26 de março de 2000, apesar da fragilidade de saúde, e teve uma agenda extremamente lotada de compromissos públicos.

A Penitenciaria Apostólica, no dia 29 de novembro de 1998, Primeiro Domingo do Advento, publicou as *Disposições para a aquisição da indulgência jubilar*. As formas tradicionais foram mantidas: sacramento da reconciliação, receber a sagrada comunhão eucarística e peregrinação, seja em uma das basílicas romanas, ou na Terra Santa (Basílica do Santo Sepulcro em Jerusalém, Basílica da Natividade em Belém, Basílica da Anunciação em Nazaré) ou nas igrejas catedrais ou outras designadas pelos bispos. Se os fiéis não conseguissem, individualmente ou em grupo, alcançar alguma celebração litúrgica, seja em Roma ou em qualquer parte do mundo, poderiam participar de orações devocionais, como a Via-Sacra, terço mariano ou recitar o hino *Akathistos*, em honra da Mãe de Deus; ademais, poderiam apenas permanecer em oração silenciosa e, ao término, rezar o Pai-nosso, a Profissão de Fé e alguma invocação a Nossa Senhora. Os religiosos de clausura ou adoentados poderiam, passando pelos sacramentos, fazer um momento de profunda oração nas capelas dos conventos ou, se estivessem acamados, nos próprios leitos. Grande novidade foram as disposições do ponto 4: "*Em qualquer lugar*, se forem visitar, durante um razoável período de tempo, os irmãos que se encontram em necessidade ou dificuldade (doentes, presos, anciãos sozinhos, deficientes etc.), como que realizando uma peregrinação a Cristo presente neles (cf. Mt 25,34-36), e cumprindo as habituais condições espirituais, sacramentais e de oração. Os fiéis quererão certamente repetir tais visitas durante o Ano Santo, podendo adquirir em cada uma delas a indulgência plenária, obviamente apenas uma vez por dia". O documento é arrematado com estas disposições: "A indulgência plenária jubilar poderá ser obtida também por meio de iniciativas que exercitem de modo concreto e generoso o espírito penitencial, que é como que a alma do Jubileu. Assim, abster-se pelo menos durante um dia de consumos supérfluos (por exemplo, do tabaco, das bebidas alcoólicas, jejuando ou praticando a abstinência segundo as normas gerais da Igreja e as especificações dos Episcopados), entregando uma quantia proporcionada do dinheiro poupado para os pobres; apoiar com uma significativa contribuição obras de carácter religioso ou social (especialmente, a favor da infância abandonada, da juventude em dificuldade, dos anciãos necessitados, dos estrangeiros presentes nos diversos países, à procura de melhores condições de vida); dedicar uma parte razoável do próprio tempo livre a atividades que sejam úteis para a comunidade, ou outras formas semelhantes de sacrifício pessoal"[32].

O Ano Santo teve início na noite de 24 de dezembro de 1999, com a abertura da Porta Santa, e seu término aconteceu na celebração da Epifania do Senhor, no dia 7 de janeiro de 2001. Em todos os sentidos, esse foi o maior Jubileu da Igreja, sendo contabilizado em Roma, pelas autoridades turísticas italianas, o número de 32 milhões de peregrinos.

Fato interessante do Grande Jubileu do Ano 2000 foi a existência de uma Porta Santa além das existentes nas quatro basílicas maiores de Roma. A Basílica de Nossa Senhora do Carmo, situada na cidade paulista de Campinas, recebeu a licença para instalar uma Porta Santa no Ano jubilar. Tal privilégio foi concedido à basílica bra-

[32] *Disposições*, 4.

sileira, porque ela é agregada à Basília de Santa Maria Maior. A única Porta Santa aberta fora da Europa, nesse Jubileu, foi a de Campinas. É preciso ressaltar que não é uma Porta Santa oficial, ou seja, não teve caráter permanente, tendo sua autorização apenas para o Jubileu de 2000. A cerimônia de abertura ocorreu no domingo, dia 9 de janeiro de 2000[33]. Entretanto, o caso da Porta Santa de Campinas é bastante diferente das cinco Portas Santas construídas e abertas com regularidade, em anos jubilares. As mais conhecidas mundialmente são as quatro Portas Santas das basílicas romanas, abertas em jubileus ordinários e extraordinários. Há uma quinta Porta Santa, em território europeu, mas na Espanha. Trata-se da Porta Santa da Catedral de Santiago de Compostela aberta nos Jubileus Compostelanos, ou seja, é ano jubilar em Santiago de Compostela, quando a festa do Apóstolo São Tiago, dia 25 de julho, cai em um domingo. Portanto, o Ano Santo Compostelano acontece com o cômputo temporal irregular e apresenta mais celebrações em um século, em comparação com a temporalidade dos Jubileus Ordinários, proclamados em Roma.

## Jubileu de 2025

Papa Francisco (2013-2025), no dia 9 de maio de 2024, Solenidade da Ascensão de Nosso Senhor Jesus Cristo, proclamou o Ano Jubilar de 2025 pela bula *Spes non confundit*. A bula jubilar, além da praticidade da proclamação do Jubileu em si, é uma sóbria mensagem para todo o mundo que, na perspectiva de Francisco, necessita de esperança. O Papa, no primeiro parágrafo,

[33] Cf. Folha de São Paulo.

cita o lema do Jubileu, "peregrinos de esperança". Sua argumentação inicial é justamente a mensagem do Ano Santo como possibilidade de devolver o sentimento da esperança à humanidade. "Todos esperam. No coração de cada pessoa, encerra-se a esperança como desejo e expetativa do bem, apesar de não saber o que trará consigo o amanhã. Porém essa imprevisibilidade do futuro faz surgir sentimentos, por vezes, contrapostos: desde a confiança ao medo, da serenidade ao desânimo, da certeza à dúvida. Muitas vezes, encontramos pessoas desanimadas, que olham, com ceticismo e pessimismo, para o futuro, como se nada lhes pudesse proporcionar felicidade. Que o Jubileu seja, para todos, ocasião de reanimar a esperança! A Palavra de Deus ajuda-nos a encontrar as razões para isso"[34].

De fato, a mensagem do Papa é bastante condizente com a triste realidade que o mundo enfrenta, nesta década de 20 dos anos 2000. Uma era de extremos, tão característica dos inícios do século passado, parece ter se imposto com maior rigor e prejuízo aos seres humanos, pois, das crises políticas, novas e horrendas guerras surgiram no Leste Europeu (Rússia invadindo a Ucrânia), e a escalada da bélica na Faixa de Gaza, por exemplo. As violências e assassinatos, nos mais variados países, aumentaram, significativamente, sem contar a crise de refugiados ao redor do globo, fugindo de guerras ou da fome. Tendências maléficas, como as ideologias supremacistas e neonazistas, tomam de assalto as democracias ocidentais, após certa consolidação clandestina, em setores particulares das sociedades. E tudo isso potencializado e organizado globalmente pela in-

[34] *Spes non confundit*, 1.

ternet. Traumas psicológicos irreparáveis são a ordem do dia, em grande parcela mundial, sobretudo após os eventos da pandemia, causada pelo novo coronavírus. A falta de cuidado com o planeta e ganância mesquinha pelo lucro exploratório das riquezas têm causado forte mudança climática, descontrolando os regimes de chuva, de temperatura e afins, o que acarreta em morte para o planeta e riscos desumanos para as populações mais pobres. Enfim, um início de século que faz o ser humano perder o horizonte da beleza da existência e o obriga a uma vida sem perspectiva, sem esperança.

Consciente de toda essa miséria humana do presente, papa Francisco propõe o Jubileu de 2025 como busca de sentido da vida. Convoca a humanidade, em geral, e os católicos, em particular, incluindo as Igrejas Orientais, a encontrarem na tradição da peregrinação o *motor* para a recuperação do sentido de existir. "Não é por acaso que a *peregrinação* representa um elemento fundamental de todo o evento jubilar. Pôr-se a caminho é típico de quem anda à procura do sentido da vida. A peregrinação a pé favorece muito a redescoberta do valor do silêncio, do esforço, da essencialidade. Também no próximo ano, os *peregrinos de esperança* não deixarão de percorrer caminhos antigos e modernos para viver intensamente a experiência jubilar."[35]

O início do Jubileu aconteceu com a abertura da Porta Santa na Basílica de São Pedro, às 19h, do dia 24 de dezembro de 2024, véspera de Natal. A cerimônia foi presidida pelo papa Francisco; devido a seu atual estado de saúde, fê-lo em uma cadeira de rodas, porém, com muita piedade, devoção e contrição. Além dos presentes

[35] *Spes non confundit*, 5.

em Roma, a cerimônia foi acompanhada pelo mundo, pelos meios de comunicação, sobretudo pela internet. Para as Igrejas locais, o Papa determinou que o início do Jubileu ocorresse no domingo, dia 29 de dezembro de 2024, com celebração própria a ser presidida pelos bispos em suas catedrais e concatedrais, sendo que, nesta última, o bispo poderia ser substituído por um Delegado[36]. O término do Ano Santo está marcado para o dia 6 de janeiro de 2026, Solenidade da Epifania do Senhor.

Fato marcante desse início de Ano jubilar foi a abertura de uma Porta Santa em uma prisão romana. O local do solene evento foi a Penitenciária de Rebibbia, com atuais 1.585 pessoas presas, embora a capacidade máxima seja para 1.170. O que chama a atenção é que o desejo de celebrar o Jubileu partiu dos próprios detentos, que fizeram o pedido ao Bispo-Auxiliar de Roma, Dom Benoni Ambarus, que transmitiu a mensagem ao Papa. A data escolhida para a abertura dessa Porta Santa foi o dia 26 de dezembro de 2024, Festa de Santo Estêvão. Papa Francisco atravessou a Porta caminhando, com o auxílio de uma bengala, e logo na sequência retomou a cadeira de rodas para o início da Celebração Eucarística. Doze detentos serviram ao altar, a Primeira Leitura foi lida por um detento e o Salmo Responsorial por uma agente penitenciária. Participaram também detentas da Casa Penitenciária Feminina, que integra o complexo prisional de Rebibbia. Em sua homilia, disse Francisco: "Escancarar é um gesto bonito, abrir: abrir as portas. Mas o mais importante é o que isso significa: é abrir o coração [...]. Corações abertos. É isso que a fraternidade faz. Corações fechados, du-

[36] Cf. *Spes non confundit*, 6.

ros, não ajudam a viver. É por isso que a graça de um Jubileu é escancarar, abrir e, acima de tudo, abrir os corações para a esperança. A esperança não decepciona, nunca! Pensem bem sobre isso. Nos momentos ruins, a gente pensa que tudo acabou, que nada se resolve. Mas a esperança nunca desilude".

A Penitenciaria Apostólica, no documento *Normas sobre a Concessão da Indulgência Jubilar*, basicamente seguiu as mesmas determinações apresentadas para o Jubileu de 2000. Todavia houve alguns acréscimos interessantes: aos padres que acompanharem grupos de peregrinos, foi pedido que eles mesmos atendam as confissões dos peregrinos, sob sua responsabilidade espiritual, e os instruam adequadamente. Essa medida, por desejo do papa Francisco, foi implementada por motivos de praticidade pastoral e auxílio dos confessores locais[37]. Novidade no que diz respeito a adquirir a indulgência jubilar está no primeiro parágrafo da sessão dedicada às *obras de misericórdia e de penitência*: "Além disso, os fiéis poderão obter a Indulgência jubilar se, com ânimo devoto, participarem em Missões populares, em exercícios espirituais ou em encontros de formação sobre os textos do *Concílio Vaticano II* e do *Catecismo da Igreja Católica*, que se realizem em uma igreja ou em outro lugar adequado, segundo a intenção do Santo Padre"[38].

Como este livro está sendo escrito com o Jubileu recém-iniciado, é demasiado cedo para apresentar-se um balanço sobre ele. De qualquer forma, este é o Jubileu da era digital. Há toda uma identidade visual do evento, expressa tanto na logomarca quanto no lema. A imagem

[37] Cf. Dicastério, 2025, p. 67.
[38] Dicastério, 2025, p. 65.

é viva: uma procissão de pessoas em cores vivas e diversas, marchando juntas e unidas, com disposição, na mesma direção, e carregando/apresentando uma cruz. As quatro pessoas "estilizadas", e de cores diferentes, fazem referência aos "quatro cantos do mundo", ou seja, à totalidade da humanidade. A cruz, ao mesmo tempo que é carregada pela procissão, está à frente, ou seja, a caminhada da Igreja está inserida no mistério da redenção/salvação, ao mesmo tempo em que esse mistério é o horizonte que anima e sustenta a caminhada da Igreja. A peregrinação eclesial é difícil, marcada por momentos de muita dor e muito sofrimento, representada pelas "ondas do oceano". Por isso a cruz não é reta, mas curvada, demonstrando a resiliência do cristão no seguimento de Jesus. A cruz apresenta sua base em formato de âncora que está dentro da água, dando estabilidade à "barca da Igreja". Ou seja, a fé no Cristo é horizonte para o caminho e para a sustentação para a vida presente. Fecham em formato circular a inscrição Jubileu 2025, à esquerda no alto; e o lema, em verde, "Peregrinos de Esperança", à direita abaixo.

Para além da imagem visual, os recursos digitais do Jubileu são muitos. Há um site com notícias, programação, documentos e demais informações sobre o Ano Santo, com a funcionalidade de ser acessado em várias línguas: www.iubilaeum2025.va/pt.html. Tanto informações quanto eventos ao vivo são disponibilizados para todo o mundo por meio das muitas redes sociais existentes. Na era dos *smartphones*, é seguro dizer que esse é o evento eclesial que mais fácil chegou até os mais diversos destinatários, o que facilita muitíssimo o alcance de crianças e jovens, ao redor do planeta.

# 4. ELEMENTOS SIMBÓLICO--TEOLÓGICOS DO JUBILEU

Os Jubileus são um tempo especial na vida da Igreja e dispõem de rica e complexa ritualística própria, embora, evidentemente, também traga em seu bojo os símbolos, ritos e as liturgias do ordinário eclesial. Neste capítulo, breve e não muito aprofundado, irei acordar de forma descritiva os principais elementos simbólico-teológicos que integram e ajudam a definir a identidade celebrativa dos Anos jubilares na Igreja.

## Bula de proclamação

Todo Jubileu é proclamado. Embora a realidade dessa celebração eclesial tenha tido sua origem pelo desejo do povo romano, apenas ganhou força de Jubileu com a proclamação do papa Bonifácio VIII. O Jubileu de 1300, o primeiro da História, foi proclamado por meio da bula *Antiquorum habet fida relatio*. Todavia o que é uma bula?

Bula, em português, vem do latim *bulla*. Seu sentido original é bolha de ar ou de água. Do original, surgem outros dois sentidos, que estão ligados à sociedade da Roma Antiga. O primeiro sentido diz que é um "medalhão de ouro que os filhos dos patrícios traziam ao pescoço, como amuleto, até completarem dezessete anos"[1]. Outro sentido define bula da seguinte forma: "Na Roma antiga, '*bulla*', em latim, significava um pequeno globo de metal vazio, que os vencedores de um prêmio traziam pendente do pescoço"[2]. Embora tragam uma diferença, ambas as definições apontam para a existência material de um objeto em formato esférico, que era portado em forma de cordão e servia como símbolo de distinção social, seja para os jovens patrícios, seja para os vencedores de algum prêmio. Ou seja, a bula, na sociedade romana antiga, era um símbolo que servia para destacar e dar condições de reconhecimento social.

É desses dois últimos sentidos que deriva a *bula papal*. Durante a Alta Idade Média, a partir do século VI, os Papas passaram a utilizar a bula, ou seja, uma esfera metálica com seus nomes para darem autenticidade aos documentos emitidos por eles. Assim, com o desuso da bula, aristocrática da Antiga Roma e o novo emprego dela pelos Papas, bula passou a designar o selo ou o sinete dos Pontífices. Na Idade Média Central, a partir do século XIII, bula deixou de ser o objeto esférico que autenticava os documentos papais e passou a significar os documentos em si. Ou seja, bula, a partir de então, é o documento no qual o Papa oferecia às sociedades alguma informação ou algum decreto oficial e solene. Portanto, bula passou a ser uma carta ou qualquer outro documento pontifício, que portava uma mensagem

---

[1] SILVA; MONTAGNER, 2009, p. 56-57.

[2] SILVA; COSTA, 2018, p. 143.

específica e que trazia a materialidade de uma esfera, presa por um fio, com a identificação do Papa que emitiu o documento[3].

A forma de emissão das bulas papais permaneceu a mesma, desde o século XIII até o século XIX. Acontece que a modernização do sistema de correios acabou por apresentar dificuldades para a manutenção do sistema, até então empregado. Com isso, papa Leão XIII achou por bem modificar a forma da escrita da bula e também sua materialidade. Sua decisão em *motu proprio*, emitido logo após sua eleição (1878), foi o de escrever as mensagens em latim usual, ou seja, sem muitas abreviações e utilizando sinais de pontuação, realidade bastante diferente do latim medieval, até então adotado nessa documentação. Também substituiu o sinete metálico, preso ao documento em papel, por um selo dar cor vermelha, impresso sobre a superfície dele[4].

Não obstante as mutações ao longo dos séculos da forma material da bula papal, desde 1300, essa documentação é que torna o Ano Jubilar um evento oficial na Igreja. De fato, a bula de proclamação jubilar é o primeiro documento que insere os fiéis nessa celebração. Também é o documento que traz as informações práticas acerca do modo de proceder durante as celebrações e também os meios para se lucrar as indulgências jubilares. Portanto, a bula é parte integrante do Jubileu, é sua proclamação e seu convite aos católicos e, para a História, uma das principais provas materiais da celebração do Ano Jubilar e das circunstâncias, nas quais ele se deu.

---

[3] Cf. THURSTON, 1908; SILVA; COSTA, 2018, p. 143.
[4] Cf. THURSTON, 1908.

## Temporalidade dos Jubileus

Medir o tempo é uma característica eminentemente humana. Humanidade também é a ritualização do tempo como meio de tornar a vida suportável. É nesse sentido que o povo romano se dirigiu ao papa Bonifácio VIII, para pedir a proclamação do Jubileu do ano 1300. Perto de data tão significativa, os viventes de fins do século XIII, na cidade de Roma, queriam atravessar a mudança de século com coração e espírito purificados. Não por acaso, a notícia da grande indulgência correu solta entre o povo da cidade e para além dela.

O Jubileu de 1300 nasceu com a *vocação* de santificar o tempo, conferir leveza à vida. Por isso Bonifácio VIII decidiu que essa renovação da sacralidade jubilar do tempo se daria a cada 100 anos. Entretanto 100 anos é tempo demais! Assim, para beneficiar o povo cristão com essa benignidade celebrativa, papa Clemente VI abreviou o intervalo de tempo em 50 anos. O Papa atendeu o apelo do povo, pois a média de idade era baixa no século XIV, ou seja, seria provável que várias gerações de cristãos não tivessem a graça de se valerem dos meios jubilares como auxílio para a salvação.

Buscando maior benignidade pastoral, papa Urbano VI antecipou duplamente o Jubileu para as gerações de seu presente histórico: em 1390, celebrar o Jubileu ordinário que, por piedade e apelo à conversão, deveria ser celebrado a cada 33 anos, lembrando os cristãos da encarnação do Cristo e o tempo em que ele viveu na terra. Como o critério estava variando entre 33 anos e 50 anos, em 1470, o papa Paulo II, prevendo as celebrações jubilares do ano 1475, deu o critério que permanece até hoje: anos jubilares a cada 25 anos. Com esse novo critério, houve padronização dos Jubileus, de modo a permitir que cada geração humana possa participar de pelo menos um Ano Santo.

Jubileu, Ano Santo. Embora haja irregularidades de duração temporal, o Jubileu dura em torno de um ano completo. Essa realidade é fundamental para que os cristãos desejosos de vivenciar de forma concreta e profunda esse evento, tenha condições de se organizar adequadamente, seja para a peregrinação a Roma, ou até as igrejas locais, determinadas previamente, seja para tomar parte da preparação interna de conversão, via sacramentos e penitência.

Tempo santo, tempo jubilar. O Jubileu é sempre um convite à santidade. Porém só pode ser responsável pela busca da santidade o cristão que toma consciência de sua limitação e quer ser alcançado por Deus. Portanto, o Jubileu é um profundo e oportuno tempo de conversão. Essa conversão, todavia, não é para gerar tristeza ou desânimo, pois à consciência do pecado e da limitação, o penitente é inserido no caminho do encontro com o Bom Deus, que o acolhe em sua misericórdia salvífica. Logo, o Jubileu é tempo de conversão, busca na certeza da fé pela salvação. Assim, o Jubileu, tempo de um ano inteiro, é tempo de jubilar, isto é, de alegria, de júbilo, incontido no coração e manifestado em obras de conversão e de cuidado para com o próximo, em obras de caridade. O Jubileu, em suas mais diversas celebrações e atividades, é uma antecipação do evento salvífico que atinge o ser humano redimido.

## Peregrinação a Roma

No primeiro capítulo desta obra, já foi dito bastante sobre a peregrinação como condição antropológica, nas mais diversas temporalidades da História da Humanidade e das Religiões. Isso também foi feito sobre o ato de peregrinar dentro do Cristianismo e como isso foi se consolidando, ao longo do tempo, em uma das mais visíveis e abraçadas práticas de piedade do Catolicismo. Todavia falta uma abordagem mais particularizada do lugar e da importância da peregrinação a Roma, no tempo do Jubileu.

Conforme apontei no item acima, o Ano Jubilar é tempo de profunda chamada à conversão. Dentro do Cristianismo, a conversão é vista como caminho de fé, ou seja, deixar uma vida irregular, encharcada pelo pecado, e buscar vida nova, na graça da redenção, oferecida por Jesus Cristo. Portanto, a peregrinação jubilar é imagem alegórica do pecador, que busca o perdão, e também do cristão, em seu exercício quotidiano do discipulado.

Inicio pela imagem do discipulado. Durante o primeiro século, no período Apostólico, os seguidores do Cristo tinham um nome bastante peculiar registrado na Bíblia: "os do Caminho". Lucas, narrando a vocação de Paulo, aponta que, antes de sua conversão, "Saulo, respirando ainda ameaças de morte contra os discípulos do Senhor, dirigiu-se ao sumo sacerdote. Foi pedir-lhe cartas para as sinagogas de Damasco, a fim de poder trazer para Jerusalém, presos, os que lá encontrasse pertencendo ao Caminho, quer homens, quer mulheres" (At 9,1-2). Informação que Paulo confirma na narrativa lucana, em seu discurso aos judeus, em Jerusalém: "Persegui de morte este Caminho, prendendo e lançando à prisão homens e mulheres" (At 22,4). É interessante notar que os dois trechos dos Atos dos Apóstolos identificam os discípulos do Senhor como sendo reconhecidos pelos externos como os do Caminho ou como uma *seita* oriunda do judaísmo, chamada Caminho. Ou seja, a narrativa de Lucas qualifica a Igreja como "discípulos do Senhor", para os que são de dentro, e "Caminho", para os que observam de fora. Ademais, os do Caminho pode significar também os adeptos de Jesus de forma literal, pois o próprio Jesus havia dito publicamente ser "o caminho, a verdade e a vida" (cf. Jo 14,6a). Isto é, Jesus diz ser o caminho que leva ao Pai, à salvação (cf. 14,6b).

Ainda no sentido de "Caminho", como distinção entre os que pertencem à Igreja e os que não aderiram a ela, está o narrado em At 19,8-9. De acordo com esses versículos, no contexto da fundação da Igreja de Éfeso, Paulo teria frequentado a sinagoga da cidade por três meses seguidos e pregado sobre o Reino de Deus com intrepidez (cf. At 19,8). Todavia entre os frequentadores da sinagoga, haviam os empedernidos e incrédulos que "falavam mal do Caminho diante da Assembleia" (At 19,9). Na linguagem bem endereçada de Lucas, para os adeptos da Igreja, Paulo discursava sobre os mistérios do Reino de Deus, já para os judeus, externos à Igreja, Paulo falava do Caminho, uma doutrina estranha ao judaísmo. O nível de incompreensão para com o "Caminho" foi tão grande, em Éfeso, que Lucas narra um motim contra a pregação de Paulo, promovido por um ourives, que viu seus lucros caindo: "Por essa ocasião, houve um tumulto bastante grave a respeito do Caminho" (At 19,23).

O Livro dos Atos dos Apóstolos irá aplicar outro sentido para "Caminho", que está ligado à doutrina, ao ensinamento. Em Éfeso, Priscila e Áquila foram apresentados a Apolo, um judeu instruído nas Sagradas Escrituras e "que fora instruído no caminho do Senhor e, no fervor do Espírito, falava e ensinava, com exatidão, o que se refere a Jesus, embora só conhecesse o batismo de João" (At 18,25). Nota-se que "caminho do Senhor", escrito com letra minúscula, aponta para alguém que tinha certo conhecimento intelectual sobre Jesus, porém não tinha aderido à Igreja, pois Apolo apenas conhecia o batismo de João; portanto, Apolo era alguém não pertencente ao Caminho. Na sinagoga de Éfeso, o discurso de Apolo tinha como ouvintes também Priscila e Áquila, os quais "tomaram-no consigo e, com mais exatidão, expuseram-lhe o Caminho" (At 18,26). O "Caminho", em letra maiúscula, refere-se à iniciação de um novo membro no seio da Igreja.

Os textos bíblicos sobre o "Caminho", apontados anteriormente, demonstram a realidade do discipulado. Os sentidos de "Caminho" apontam para uma doutrina, iniciada por alguém, continuada por membros que tiveram contato com o *fundador*, até se destacar como um grupo religioso particular. Transpondo esses sentidos para a hermenêutica cristã, Jesus é o "Caminho", a Igreja é o "Caminho", os mistérios revelados formam o "Caminho" e os membros da Igreja são os "do Caminho". Essa ideia de progressão, intrínseca à palavra caminho, é fundamental para o entendimento implícito do discipulado cristão, que nem sempre fica claro em "Caminho", mesmo com suas variadas conotações bíblicas. Ligando o sentido do peregrinar com caminho/Caminho, a peregrinação jubilar torna-se momento ímpar de expressão da fé abraçada, individualmente e eclesialmente, pelos cristãos, ao longo dos séculos. O ato de se colocar a caminho, de peregrinar, externaliza a adesão ao Caminho, isto é, testemunha o ato de crer e viver como cristão.

A peregrinação a Roma adquire peculiar importância para os católicos, porque lá estão as relíquias dos Apóstolos Pedro e Paulo, e de muitos mártires que dedicaram sua vida ao Evangelho e ao ensino da fé, às multidões. Voltar os olhares do coração para aqueles primeiros cristãos é oportunidade para a renovação da fé, em tempos presentes. Estar diante de suas relíquias, após percorrer o caminho da peregrinação, é receber novo ensinamento sobre a fé e, ao mesmo tempo, firmar maior compromisso no exercício diário do discipulado do Reino. Peregrinar adquire o sentido de caminhar na fé, aprender e colocar em prática o Caminho (Jesus Cristo), no Caminho (Igreja) e se fazendo Caminho (discípulo).

Trabalhando ainda com a ideia de caminho como figura de peregrinação, trago o sentido do pecador que busca o perdão/conversão. Como já disse, o Jubileu é tempo oportuno para a conversão, que nada mais é do que abandonar o pecado e aderir à proposta evangélica, feita por Jesus. Pois bem, aqui também o Apóstolo Paulo irá auxiliar a reflexão. Paulo em perseguição ao Caminho, no caminho de Damasco, experimenta o encontro místico com o Ressuscitado (cf. At 9,1-5). "Caindo por terra, ouviu uma voz que lhe dizia: 'Saul, Saul, por que me persegues?'. Ele perguntou: 'Quem és, Senhor?' E a resposta: 'Eu sou Jesus, a quem tu persegues'" (At 9,4-5). A imagem do "caminho de Damasco" é paradigmática: Paulo, ainda chamado Saulo, convicto de sua fé e cheio de zelo e violência, põe-se a caminho para perseguir e prender os primeiros cristãos, entendidos como hereges. A certeza de Paulo, porém, estava em sua inteligência e amparada por critérios políticos. Entretanto, em seu interior, havia a real e pura intenção religiosa de viver uma relação autêntica com Deus e praticar tudo isso. Justamente por haver essa realidade em seu coração, Paulo teve condições de se colocar a caminho, peregrinar de Jerusalém até Damasco. Não há informações detalhadas sobre a jornada paulina, na narrativa lucana, até o encontro com o Jesus Ressuscitado. O fato é que a jornada já estava avançada. Paulo havia percorrido longo caminho, pois já estava se aproximando de Damasco (cf. At 9,3), quando o fenômeno místico ocorreu. Os verbos utilizados no relato bíblico são importantes: Paulo queria "trazer" para Jerusalém os pertencentes ao Caminho (cf. At 9,2), porém a pergunta do Ressuscitado é "por que me persegues?" (cf. At 9,5).

Perseguir o Caminho, essa é a revelação do encontro místico de Paulo com o Ressuscitado. Perseguir, buscar. Essa é a peregrinação que Paulo faz, movido pela fé. Entretanto, ainda não tinha condições de perceber o real motor de sua busca. Em sua consciência, procurava caçar os *hereges*. A revelação que recebeu foi que o alvo de sua busca, o Caminho, era o próprio Cristo. Ademais, quando ousa perguntar quem se manifestava naquela visão sobrenatural, a resposta é simplesmente perturbadora para um judeu devoto: "Eu sou", o nome com o qual Deus se revelou a Moisés, na sarça ardente, acrescido do nome de Deus encarnado, Jesus, tão abertamente pregado pelos perseguidos. A narrativa dos Atos dos Apóstolos sobre a vocação/conversão de Paulo apresenta a busca sincera do coração do crente que, embora sincera e bem-intencionada, pode estar mal orientada. Entretanto, se houver espaço para acolher a revelação divina, encontra sua razão de ser. Justamente por isso o relato apresenta Jesus Ressuscitado identificado como o Caminho e também com sua Igreja. Daí o sentido da sequência do relato: não basta o caminho solitário e as experiências pessoais, o crente deve ser inserido na Igreja (cf. At 9,6-22).

A peregrinação cristã pode ser vista teologicamente a partir da busca de conversão e do perdão. Importa o mover-se, colocar-se a caminho em nome dessa busca. O caminho é inesperado e apresenta ao peregrino variada gama de possibilidades para o aprofundamento da fé e da espiritualidade. Ademais, o ato de peregrinar, no caso tendo Roma como destino no Ano jubilar, demonstra a unidade da Igreja, pois, participa da mesma ação, busca o mesmo objetivo e compartilha as mesmas dores.

## Frequência aos sacramentos e exercícios de piedade

Integra o ponto alto do perdão jubilar a inserção dos fiéis na vida sacramental da Igreja. Os sacramentos são a manifestação máxima do amor de Deus pelos seres humanos e também a comunicação da graça eficaz que atua em auxílio à fragilidade humana. Embora o entendimento sobre os sacramentos tenha se transformado ao longo dos séculos, não é raro encontrarmos, nas mais diversas regiões, grande número de católicos que estão apartados, por vários motivos, da vida sacramental. O Jubileu é tempo para a reintegração das pessoas à plena cidadania eclesial. Por isso a busca do perdão passa pela celebração dos sacramentos.

O primeiro sacramento a ser buscado no Ano Santo é o Sacramento da Reconciliação. Esse sacramento é o legado de Cristo para a Igreja continuar em sua missão salvífica no mundo, a partir da misericórdia. Fazer uma boa confissão é ter consciência do pecado praticado. Evidentemente, nem tudo é pecado. Todavia, mesmo em um tempo de profundo relativismo, o pecado continua existindo e é uma grave ofensa a Deus e também ao próximo. Celebrar a Reconciliação, tendo consciência do pecado, assumindo a responsabilidade por não pecar mais ou repetir o mesmo pecado, e cumprir a penitência imposta pelo confessor, é indispensável para receber o abraço divino, que acolhe aquele que erra, afasta-se, mas quer voltar. A indulgência atuará como reforço e incentivo para a perseverança no bom caminho de evitar o pecado.

Após uma boa confissão, o católico é convidado à mesa da Comunhão Eucarística. Estar em graça com Deus, recebendo o Corpo e o Sangue de Jesus Cristo, para perseverar na fé e nos bons propósitos. A Eucaristia é fundamental para a caminhada cristã, pois é o memorial da Paixão, Morte e Ressurreição do Senhor Jesus. Celebrar a Eucaristia é retornar pelos "pés teológicos" àquela Ceia derradeira, em que Cristo se deu aos seres humanos como alimento salutar e como bebida verdadeira. Portanto, a Eucaristia é o alimento divino que irá agraciar o penitente e, simultaneamente, dar-lhe-á as forças e as graças necessárias para o bom êxito da caminhada cristã.

Os católicos também são inseridos no Ano jubilar, por uma vida pautada pelas práticas oracionais e devocionais. A busca do perdão/conversão será mais eficaz quanto maior for o cuidado com a vida espiritual. Portanto, o Jubileu é tempo de oração profunda por si, pela Igreja, pelo Papa, pelos entes queridos e por outras tantas intenções. Como formas auxiliares da vida espiritual, a tradição eclesial traz uma série de possibilidades para o exercício da fé, como a Adoração ao Santíssimo Sacramento, a meditação da Via-Sacra, a oração do Santo Rosário, por exemplo.

Finalmente, o Jubileu é tempo para os exercícios de piedade, em benefício dos mais pobres e mais necessitados. Ações concretas da fé vivida no coração e eclesialmente devem ser colocadas em prática. Não se trata de fazer atos públicos para o reconhecimento dos outros, mas exercer o real sentido da compaixão e aliviar a dor dos que sofrem. As formas são variadas, desde o fornecimento de bens materiais, como alimento, roupa, cuidado com a saúde, até a visita cristã aos irmãos doentes ou acamados, oferecendo-lhes apenas os ouvidos e algum bom conselho, ou tirando um tempo para rezar com eles. Veja bem, a proposta não é meramente uma visita para "desencargo de consciência", mas um compromisso de aliviar a dor do próximo, de maneira eficaz, ou seja, não se trata da mera esmola do que me sobra, seja de dinheiro, seja de meu tempo, de minha presença.

Fica claro que todo esse percurso espiritual, convocado pela Igreja, tem o objetivo maior de promover a reconciliação. Ao mesmo tempo que promove a reconciliação pessoal, pelo Sacramento e a chamada à conversão, também promove e propõe o caminho da reconciliação para todos os habitantes do planeta, independentemente dos credos professados. O fato é que o Ano jubilar, propondo a reconciliação para o mundo, quer que toda a humanidade se beneficie de seus frutos: fraternidade, justiça nas relações pessoais e internacionais, no tocante às nações, e paz.

## Porta Santa

A Porta Santa é dos símbolos mais poderosos e atraentes do Jubileu. Isso se dá por sua materialidade, pois pode ser vista, admirada, tocada e atravessada. O ato de atravessar a Porta Santa, após o período da peregrinação, traz o sentimento do "dever cumprido", pois o objetivo foi alcançado e, agora, de forma concreta, há o gesto de deixar para trás aquilo que não presta. Ou seja, atravessar a Porta Santa externaliza aquilo que o peregrino vinha vivendo em seu coração, a partir da fé: deixar um tipo de vida para abraçar outro melhor, é isso que o fiel faz na dinâmica da travessia do portal, quando deixa o mundo exterior e é acolhido pela beleza do interior de alguma das Basílicas Maiores de Roma.

Teologicamente, a Porta Santa é inspirada pelo Evangelho de São João. "Em verdade, em verdade, vos digo: quem não entra pela porta, no redil das ovelhas, mas sobe por outro lugar, é ladrão e assaltante; o que entra pela porta é o pastor das ovelhas. A este o porteiro abre: as ovelhas ouvem sua voz e ele chama suas ovelhas, uma por uma, e as conduz para fora" (Jo 10,1-3). Nesse trecho do "Evangelho do Bom Pastor", Jesus se identifica como o pastor que entra pela porta, é reconhecido pelo porteiro, por isso a porta é aberta a ele, logo depois, conduz individualmente cada ovelha do redil para fora. A Porta Santa, lida à luz desse trecho evangélico, demonstra a caminhada eclesial que todos os católicos são chamados a fazer, ou seja, tendo Jesus a sua frente, segui-lo e atravessar a porta da Salvação. Para tal, é necessário reconhecer Jesus como Messias/Cristo, pois ele é o único que o porteiro (Deus Pai, o dono do redil) reconhece e, portanto, abre a porta do redil para ele.

Seguindo mais adiante, na leitura do capítulo 10 do Evangelho de João, encontramos que Jesus se identifica a si mesmo como a porta. "Em verdade, em verdade, eu vos digo: eu sou a porta das ovelhas. [...] Eu sou a porta. Se alguém entrar por mim, será salvo; entrará e sairá e encontrará pastagem" (Jo 10,7.9). Tendo em vista essa fala evangélica, a Porta Santa adquire ainda mais significado para os católicos, pois expressa a ação misericordiosa de Jesus, ao cuidar dos seus. Os que pertencem ao redil de Jesus, isto é, seus discípulos que formam a Igreja, irão passar pela porta, que é o próprio Jesus. Ao atravessar a porta, as ovelhas encontrarão pastagem, ou seja, a salvação.

Trazendo para a responsabilidade pessoal de adesão à fé, que o Jubileu faz ao cristão, atravessar a porta é o assentimento consciente de que a pessoa quer seguir Jesus e se deixar conduzir e orientar por Ele. Essa decisão não pode ser pela metade, mas integral. A decisão de fé deve ser radical e definitiva. Embora a Porta Santa, em sua materialidade, seja a introdução do fiel no espaço sagrado de uma basílica, o sentido espiritual dela, do ponto de vista eclesial, é mais amplo e profundo. Passar pela Porta Santa é ser introduzido no seio da Igreja, uma comunidade composta de pessoas que professam radicalmente a fé no Cristo Jesus.

## Indulgências[5]

Etimologicamente, indulgência significa benevolência ou favor, pois sua forma latina *indulgentia* vem de *indulgeo*, que qualifica alguém ou algo que é gentil ou terno. No latim pós-clássico, *indulgentia* passou a significar a remissão/perdão de um imposto ou de uma dívida. É nesse sentido que *indulgentia* entrou no Direito Romano, isto é, designando *pax* (paz), *remissio* (remissão), *donatio* (dom/doação), *condonatio* (perdão) e também assim foi utilizado na tradução da Vulgata. Por exemplo, em Isaías 61,1 "*Spiritus Domini super me eo quod unxerit Dominus me ad annuntiandum mansuetis misit me ut mederer contritos corde et predicarem captivis indulgentiam et clausis apertionem*" [em tradução livre: "O Espírito do Senhor está sobre mim, porque o Senhor me ungiu para anunciar boas novas aos mansos. Ele me enviou para curar os quebrantados de coração, para pregar **libertação** aos cativos e a abertura aos que

[5] Embora apresente a origem comum da indulgência como tal, trato apenas da indulgência jubilar. Há na Igreja uma grande variedade de indulgências e de meios para alcançá-las. Para o leitor mais interessado, recomendo a leitura do *Enchiridion Indulgentiarum*, em sua terceira edição, publicada, em 1986, e traduzida, pela CNBB, com o título "Manual das Indulgências", em 1990. A referência completa está nas "Referências bibliográficas", ao fim da obra.

estão presos"], *indulgentiam* está empregada para expressar libertação do cativeiro ou da punição. Na linguagem teológica, conservando seu sentido primário, indulgência também foi e continua sendo empregada para designar características de Deus, ou seja, ternura e misericórdia. Todavia, para o assunto que tratamos, indulgência está no sentido de remissão da culpa temporal, pois a ofensa/culpa foi perdoada[6].

A indulgência precisa ser vista como uma forma a mais, da qual a Igreja, ao longo dos séculos, valeu-se para chamar a humanidade à salvação. Portanto, mesmo que o aparato jurídico-canônico seja bastante ressaltado, marca da cultura medieval em que essa prática tomou mais consistência, seria um erro olhar para a indulgência como uma espécie de *burocratização* da vida espiritual. Posto isto, antes de trazer a definição teológica da indulgência, penso que seja importante definir o que ela não é. Absolutamente, a indulgência é uma concessão para se cometer pecados ou o perdão para pecados futuros. Por supor que o pecado já foi perdoado, também não é o perdão da culpa do pecado. Não se trata da isenção de uma lei ou um dever, mas, ao contrário, implica maior responsabilidade do pecador, na obrigação consequente de algum pecado, por exemplo a restituição a terceiros, afetados pelo ato pecaminoso individual. Também não é uma proteção mágico-mística contra a tentação ou possibilidades de se pecar. Menos ainda estaria na funcionalidade da compra da salvação eterna ou do resgate do purgatório[7].

---

[6] Cf. KENT, 1910.
[7] Cf. KENT, 1910.

Definido o que não é a indulgência no ensinamento católico, passo à descrição de sua definição. De forma bem simples, a indulgência é a remissão extra-sacramental da punição temporal devida, na justiça de Deus, pelo pecado cometido e que foi perdoado por meio do Sacramento da Reconciliação. Durante a Baixa Idade Média, nasceu e se propagou a expressão "*indulgentia a culpa et a poena*", isto é, a remissão da culpa e da pena. Todavia, mesmo ligada à indulgência, essa expressão jamais quis significar que a indulgência conferisse isso, pois, toda concessão de indulgência está necessariamente ligada ao Sacramento da Reconciliação. Portanto, após receber a absolvição sacramental da culpa do pecado, o penitente é libertado da pena temporal, pela indulgência. Em suma, o Sacramento perdoa totalmente o pecado cometido, apaga a culpa, todavia, a consequência do pecado, a pena temporal, ainda permanece como dever do penitente. A satisfação ou penitência que o confessor indica é a forma do pecador fazer a restituição temporal do pecado praticado. Assim, como a indulgência leva em consideração o Sacramento da Reconciliação, ela só é possível de ser recebida quando o pecador se confessa e se esforça para cumprir integralmente a satisfação devida pelo pecado, ou seja, da pena temporal devida pelo pecado. Observados esses passos, o pecador pode receber a indulgência e, após observância e restituição do pecador, enfim, ser libertado da pena temporal do pecado[8].

Santo Tomás de Aquino, no Suplemento à Suma Teológica, demonstra como a indulgência é benevolência da Igreja e como o pecador é beneficiado por

[8] Cf. KENT, 1910.

ela: "Aquele que ganha indulgências não é liberado imediatamente do que deve como penalidade, mas é provido com os meios de pagá-la"[9]. Ou seja, desde o período medieval, a indulgência é vista como um benefício emanado da liberalidade da Igreja, no uso do Poder das Chaves, ou seja, em sua missão de perdoar os pecados. De forma alguma, a indulgência retira a responsabilidade do pecador diante do pecado cometido, pois respeita a hierarquia sacramental. Cumprir a satisfação penitencial é condição obrigatória para se adquirir a libertação da pena temporal. Entretanto, a justiça divina do Sacramento é também misericordiosa, portanto, ao conceder a possibilidade do perdão sacramental àquele que verdadeiramente se empenha, com contrição, em mudar de vida e abandonar o pecado, a indulgência é um incentivo para a caminhada de conversão, uma forma da Igreja se colocar ao lado de quem errou e não o abandonar jamais.

Finalmente, algumas indulgências são concedidas somente em benefício dos vivos, enquanto outras podem ser aplicadas em benefício das almas que partiram. Deve-se notar, no entanto, que a aplicação não tem o mesmo significado em ambos os casos. A Igreja, ao conceder uma indulgência aos vivos, exerce sua jurisdição; sobre os mortos, ela não tem jurisdição, portanto, torna a indulgência disponível para eles, por meio de sufrágio (*per modum suffragii*), ou seja, ela pede a Deus que aceite essas obras de satisfação e, em consideração a elas, mitigue ou encurte os sofrimentos das almas no Purgatório[10].

---

[9] SUPLEMENTO, 25.1.

[10] Cf. KENT, 1910.

# CONCLUSÃO

Penso que deva ter ficado claro, ao longo de toda a exposição deste livro, que os Jubileus cristãos, muito embora teólogos e historiadores da Era Contemporânea insistam em sua ligação com o jubileu bíblico, narrado no Livro do Levítico, na verdade, não têm sua origem nas páginas da Sagrada Escritura. Não obstante a mesma palavra tenha o sentido para o jubileu bíblico e o Jubileu cristão, quando houve a iniciativa popular de pedir a Bonifácio VIII uma especial celebração para a entrada nos anos 1300, o povo romano estava levando em consideração a palavra "jubileu", em seu sentido latino, que evocava celebração, alegria, júbilo. Ademais, foi justamente nesse sentido que São Jerônimo traduziu as passagens jubilares de Levítico. Ou seja, a palavra latina *jōbēlēus / iōbēlēus* (jubileu) vem da tradução da palavra hebraica *yobel* ou *yovel*, que designava um instrumento musical feito de chifre de carneiro, que funcionava por meio do sopro e que era tocado na grande celebração do *Yom Kippur* (Dia da Expiação), narrado em Levítico 25,9. Por estar associado a uma celebração solene e que trazia alegria, *jōbēlēus/iōbēlēus*, está ligado ao vocábulo *jūbĭlaeus / iūbĭlaeus*, que traz o sentido de *jūbĭlātĭo / iūbĭlātĭo*, que significa grito, algazarra, canto de alegria, e também o sentido de *jūbĭlum*

/ *iūbĭlum* isto é, júbilo, grito de alegria[1]. Portanto, a origem dos Jubileus cristãos não está ligada à narrativa bíblica de Levítico e não deriva dela.

Embora os Jubileus cristãos não tenham sua origem no texto bíblico de Levítico 25, isto não quer dizer que, ao longo do caminhar histórico da Igreja, os elementos do jubileu bíblico, aos poucos, tenham sido incorporados na grande celebração católica, embora esse último tenha existido apenas nas páginas da Sagrada Escritura e jamais tenha sido praticado pelo Antigo Israel. Ademais, para efeitos de metodologia teológica, isso não impede que teólogos enxerguem as fontes dos Jubileus cristãos na Bíblia. Contudo, como minha abordagem é de viés historiográfico, é forçoso ressaltar adequadamente, dentro da metodologia histórica, essa evidente dissociação do texto bíblico, em 1300.

Ao longo da obra, por questão de técnica de escrita e também para poupar certo enfado ao leitor, utilizei, desde o Primeiro Jubileu, sinônimos como Ano Santo e Ano Jubilar, para me referir a Jubileu. Do ponto de vista histórico, todavia, isso é um equívoco, pois o termo Jubileu não aparece nas documentações, até o Jubileu de 1475; de forma mais precisa, "Jubileu" aparece, pela primeira vez, empregado para as celebrações a que nos referimos na bula *Ineffabillis Providentia*, de 19 abril de 1470, em que papa Paulo II proclamou o Jubileu de 1475. Dentro das preparações para o Jubileu de 1475, celebrado não por Paulo II, mas por Sisto VI, acrescentou o vocábulo de Ano Santo como sinônimo de Jubileu.

---

[1] Definições dos termos latinos: SILVA; MONTAGNER, 2009, p. 254-255.

Por fim, como este livro está sendo escrito dentro do Jubileu de 2025, faço votos de que as pessoas, em particular, e os líderes das nações, em geral, tenham o coração aberto, não obstante grande parte dos habitantes do planeta não seja católica, para acolherem um dos sinais do Ano Jubilar: a reconciliação.

# REFERÊNCIAS BIBLIOGRÁFICAS

COELHO, Bruno Alves. *A Teologia da Criação de São Boaventura: uma necessária comparação do Hexaëmeron de São Boaventura (séc. XIII) com o Hexaëmeron de Santo Ambrósio (séc. IV)*. Curitiba: CRV, 2019.

COELHO, Senra. *Os Jubileus na História da Igreja*. Lisboa: Paulus, 2008.

CONFERÊNCIA DA FAMÍLIA FRANCISCANA DO BRASIL. *Material formativo sobre o Perdão de Assis*. 2017. Disponível em: https://cffb.org.br/wp-content/uploads/2019/01/Material-Formativo-Perd%C3%A3o-de-Assis-800-anos-final2.pdf.

CONFERÊNCIA NACIONAL DOS BISPOS DO BRASIL. *Manual das Indulgências. Normas e concessões*. São Paulo: Paulinas, 1990.

DANTE ALIGHIERI. *Comedia*. Nuovissima edizione. Vol. 1. Bologna: Tipografia Regia, 1866.

DICASTÉRIO PARA A EVANGELIZAÇÃO. *Jubileu 2025*. Textos Litúrgicos. Normas sobre a Concessão da Indulgência Jubilar. Brasília: Edições CNBB, 2024.

DURÁN, Laura Carolina. "Eregia y su itinerario a los Lugares Santos". In: *Mythos: Revista de História Antiga e Medieval*, Imperatriz, n. II, p. 177-198, 2024. Disponível em: https://revistas.uemasul.edu.br/index.php/mythos/issue/view/22/112.

ENCICLOPÉDIA DO HOLOCAUSTO. "Dachau". Disponível em: https://encyclopedia.ushmm.org/content/pt-br/article/dachau.

FOLHA DE SÃO PAULO. *Porta Santa é aberta em Campinas*. 9 de janeiro de 2000. Disponível em: https://www1.folha.uol.com.br/fsp/campinas/cm0901200009.htm.

FRANCISCO. *Spes non confundit*. Bula de proclamação do Jubileu Ordinário do ano 2025. 9 de maio de 2024. Disponível em: https://www.vatican.va/content/francesco/pt/bulls/documents/20240509_spes-non-confundit_bolla-giubileo2025.html.

*GLOSSAE SCRIPTURAE SACRE-ELECTRONICAE (GLOSS-E)*. "Biblia communis. Leviticus. Capitulum 25". Disponível em: https://gloss-e.irht.cnrs.fr/php/editions_chapitre.php?id=liber&numLivre=05&chapitre=05_25#cap25.

JOÃO PAULO II. Carta Apostólica *Tertio Milennio Adveniente*. 10 de novembro de 1994. Disponível em: https://www.vatican.va/content/john-paul-ii/pt/apost_letters/1994/documents/hf_jp-ii_apl_19941110_tertio-millennio-adveniente.html.

JOÃO PAULO II. *Incarnationis mysterium*. Bula de proclamação do Grande Jubileu do Ano 2000. 29 de novembro de 1998. Disponível em: https://www.vatican.va/content/john-paul-ii/pt/bulls/documents/hf_jp-ii_doc_19981129_bolla-incarnationis-mysterium.html#_ftnref12.

KENT, Willian. "Indulgence". In: *The Catholic Encyclopedia*. Vol. 7. New York: Robert Appleton Company, 1910. Disponível em: https://www.newadvent.org/cathen/07783a.htm.

LOMONACO, Amedeo. "Papas e Jubileus: a abertura da Porta Santa na história". In: *Vatican News*. 24 de dezembro de 2024. Disponível em: https://www.vaticannews.va/pt/papa/news/2024-12/papas-jubileus-abertura-porta-santa-historia.html.

LUBAC, Henri de. *Medieval Exegesis: the four senses of Scripture.* 3 vols. Michigan: Eerdmans, 1998.

MARTINA, Giacomo. *História da Igreja – De Lutero a nossos dias 3: A era do liberalismo*. São Paulo: Loyola, 2005.

MARTINS, Maria Cristina da Silva. "Introdução". In: PEREGRINAÇÃO DE ERÉGIA. Uma narrativa de viagem aos Lugares Santos. Uberlândia: EDUFU, 2017, p. 15-55.

MARTINS, Maria Cristina da Silva. "A peregrinação de Jerônimo e Paula". In: *Translatio*. N. 20, 2020, p. 198-230.

PAPA, Helena Amália. *A autoafirmação de um Bispo: Gregório de Nissa e sua visão condenatória aos Eunomianos (360-394 d.C.)*. Tese (Doutorado em História) – Faculdade de Ciências Humanas e Sociais – Universidade Estadual Paulista, 2014.

PAULO VI. *Udienza generale*. 9 de maio de 1973. Disponível em: https://www.vatican.va/content/paul-vi/it/audiences/1973/documents/hf_p-vi_aud_19730509.html.

PENITENCIARIA APOSTÓLICA. *Disposições para a aquisição da indulgência jubilar*. 29 de novembro de 1998. Disponível em: https://www.vatican.va/content/john-paul-ii/pt/bulls/documents/hf_jp-ii_doc_19981129_bolla-incarnationis-mysterium.html.

PEREZ, João Pedro Machado. *Bonifácio VIII e a plenitudo potestatis: do Jubileu de 1300 à carta de Dante aos cardeais (1294-1314)*. Trabalho de Conclusão de Curso (Licenciatura em História) – Instituto de Filosofia e Ciências Humanas – Universidade Federal do Rio Grande do Sul, 2023.

PIO XII. *Jubilaeum maximum* [bolla di indizione del Giubileo universale dell'Anno Santo 1950], 1949. Disponível em: https://www.vatican.va/content/pius-xii/it/bulls/documents/hf_p-xii_bull_19490526_iubilaeum-maximum.html.

POLICARPO DE ESMIRNA. "Segunda Carta aos Filipenses". In: *Padres Apostólicos*. São Paulo: Paulus, 1995.

SILVA, Felipe Gustavo Soares da; COSTA, Marcos Roberto Nunes. "A bula Unam Sanctam de Bonifácio VIII no contexto da disputa pelo poder político no final da idade média". In: *Argumentos*, n. 20 - Fortaleza, jul./dez. 2018.

SILVA, Amós Coêlho da; MONTAGNER, Airto Ceolin. *Dicionário Latino-Português*. Petrópolis: Vozes, 2009.

SOT, Michel. "Peregrinação". In: LE GOFF, Jacques; SCHMITT, Jean-Claude (orgs.). *Dicionário analítico do Ocidente medieval*. Vol. 2. São Paulo: Unesp, 2017, p. 394-409.

TEIXEIRA, Igor. Salomão. "Jacopo Gaetano Stefaneschi: um cardeal-historiador entre os séculos XIII e XIV". In: *História da Historiografia: International Journal of Theory and History of Historiography*, Ouro Preto, v. 13, n. 33, p. 131–162, 2020. Disponível em: https://www.historiadahistoriografia.com.br/revista/article/view/1552.

TOMÁS DE AQUINO. *Suma Teológica*. Vol. 1. São Paulo: Loyola, 2009.

TOMÁS DE AQUINO. *Super Epistolam B. Pauli ad Galatas lectura*. Disponível em: https://www.corpusthomisticum.org/cgl.html.

TOMÁS DE AQUINO. *Suma Teológica. Suplemento*. Tomo 5. Madrid: Nicolás Moya Editor, 1883.

THURSTON, Herbert. "Bulls and Briefs." In: *The Catholic Encyclopedia*. Vol. 3. New York: Robert Appleton Company, 1908. Disponível em: https://www.newadvent.org/cathen/03052b.htm.

THURSTON, Herbert. "Holy Year of Jubilee". In: *The Catholic Encyclopedia*. Vol. 8. New York: Robert Appleton Company, 1910. Disponível em: https://www.newadvent.org/cathen/08531c.htm.

VAUCHEZ, André. *Cristianismo – Dicionário dos tempos, dos lugares e das figuras*. Rio de Janeiro: Forense, 2013.

# ÍNDICE

Este livro foi composto com as famílias tipográficas Aller, Book Antiqua e Segoe UI
e impresso em papel Offset 70g/m² pela **Gráfica Santuário.**